Bibliografische Information der Deutschen Nationalbibliothek:

Die Deutsche Bibliothek verzeichnet diese Publikation in der Deutschen National-
bibliografie; detaillierte bibliografische Daten sind im Internet über http://dnb.d-
nb.de/ abrufbar.

Impressum:

Copyright © 2017 GRIN Verlag, Open Publishing GmbH
Druck und Bindung: Books on Demand GmbH, Norderstedt Germany
ISBN: 9783668536500

Dieses Buch bei GRIN:

http://www.grin.com/de/e-book/376429/das-internet-of-things-ein-literatur-review-
zum-aktuellen-forschungsstand

Ayhan Polat

Das Internet of Things. Ein Literatur Review zum aktuellen Forschungsstand

GRIN Verlag

Erstellung eines Literatur Reviews zum Thema Internet of Things

Masterarbeit am Fachgebiet für
BWL/Organisation und Wirtschaftsinformatik
Sommersemester 2017

Inhaltsverzeichnis

Abbildungsverzeichnis

Abkürzungsverzeichnis

BLE	Bluetooth Low Energy
CSLC	Customer Service Life Cycle
IoT	Internet of Things
NFC	Near Field Communication
RFID	Radio-Frequency Identification
WSN	Wireless Sensor Network

1   Einleitung

1.1   Einführung in die Thematik Internet of Things

Den Begriff Internet of Things prägte schon Ende der 1990er Jahre ein Forscher vom Massachusetts Institute of Technology namens Kevin Ashton, als er zum ersten Mal über den autonomen Datenaustausch zwischen Maschinen referierte.[1] Bis dahin hat grundsätzlich der Mensch die Informationen und Anweisungen an den Computer oder in das Internet eingegeben. Ashton sah damals schon genau darin das Problem, denn der Mensch ist begrenzt in seiner Zeit, Aufmerksamkeit und Genauigkeit. Wenn der Computer stattdessen selbstständig die Daten in unserer Umwelt erfasst, steigt die Effektivität der Arbeitsweise des Menschen. Der Begriff Internet of Things bezieht sich auf ein Netz von physischen Objekten, wie Geräten, Fahrzeugen, Gebäuden oder anderen Gegenständen, die mit Elektronik, Software, Sensoren und Netzwerkkonnektivität ausgestattet sind. Damit sind die Objekte in der Lage, Daten zu sammeln und auszutauschen.[2] Das Konzept des Internet of Things geht über die bekannten Verbindungen mit dem Internet von Smartphones, Tablets und anderen Computergeräten, um sich zu identifizieren und den Datenaustausch zu ermöglichen, hinaus. Dieses Konzept wird mittlerweile in alltägliche Gegenstände implementiert, sodass eine Konnektivität von Automobilen, Haushaltsgeräten und sogar ganzen Städten besteht.[3] Das Forschungsrahmenprogramm „European Research Cluster on the Internet of Things", ist ein von der Europäischen Union finanziertes Projekt, das sich zum Ziel gesetzt hat, eine einheitliche Vision der Internet-of-Things-Technologie zu definieren.[4]

„...IoT is 'a dynamic global network infrastructure with self-configuring capabilities based on standard and interoperable communication protocols where physical and virtual 'things' have identities, physical attributes, and

---

[1] Vgl. *Ashton, K.,* Internet of Things Thing, 2009, http://www.rfidjournal.com/articles/view? 4986,%20, 11.07.2017.
[2] Vgl. *Ives, B./Palese, B./Rodriguez, J. A.,* CSLC-Modell, 2016, S. 281, und *Robson, K./Pitt, L. F./Kietzmann, J.,* Tragbare Technologie, 2016, S. 167.
[3] Vgl. *Robson, K./Pitt, L. F./Kietzmann, J.,* Tragbare Technologie, 2016, S. 168.
[4] Vgl. *Vermesan, O./Bacquet, J.,* Definition IoT, 2016, http://www.internet-of-things-research.eu/ about_ierc.htm, 11.07.2017.

virtual personalities and use intelligent interfaces, and are seamlessly integrated into the information network."[5]

Der Grundgedanke, dass physische Objekte in das Internet integriert werden, um
somit aktiv in Prozesse miteingebunden und autonom auf den Prozess reagieren
zu können, ist nach herrschender Meinung in den Anwendungsgebieten iden-
tisch.[6] Besonders präsent ist das Internet of Things in den Bereichen der automatisierten und industriellen Fertigung, der Logistik, dem Prozessmanagement und
dem Transport von Menschen und Gütern.[7] Die Veränderungen in Unternehmen
durch die Digitalisierung sind somit wesentlich. Es verändert komplette Unter-
nehmensprozesse und -strukturen, sodass lang bestehende Geschäftsmodelle angepasst werden müssen.[8] Dies führt dazu, dass auch verwandte beziehungsweise
übergeordnete Forschungsbereiche in dieser Arbeit analysiert werden müssen, da
der Begriff Internet of Things nicht komplett losgelöst von den Bereichen
Ubiquitous Computing und Industrie 4.0 betrachtet werden kann. Teilweise wird
das Internet of Things mit diesen Bereichen auch gleichgesetzt[9] oder andere Sy-
nonyme werden entwickelt, wie das Internet of Everything[10].

1.2   Aufbau und Zielsetzung der Arbeit

Das Ziel dieser Arbeit ist, den Forschungsstand des Internet of Things zu ermit-
teln und die dominierenden, fehlenden oder neu aufkommenden Forschungsströme im Bereich des Internet of Things resümierend wiederzugeben. Der dargestell-
te Forschungsstand bezieht sich dabei hauptsächlich auf die aktuellen Erkenntnisse der Topjournale und Konferenzen. Um eine Grundstruktur zu schaffen, stützt
sich die vorliegende Arbeit auf drei Literaturübersichten von *L. Atzori/A. Iera/ G.*

---

[5] *Vermesan, O., u.a.*, Market Deployment, 2014, S. 15-16.
[6] Vgl. *Ives, B./Palese, B./Rodriguez, J. A.*, CSLC-Modell, 2016, S. 281, und *Robson, K./Pitt, L. F./Kietzmann, J.*, Tragbare Technologie, 2016, S. 175, und *Lindqvist, U./Neumann, P. G.*, Zukunft des IoT, 2017, S. 26, und *Andelfinger, V. P./Hänisch, T.*, Technik und Trends, 2014, S. 15.
[7] Vgl. *Atzori, L./Iera, A./Morabito, G.*, Survey I, 2010, S. 2787.
[8] Vgl. *Ives, B./Palese, B./Rodriguez, J. A.*, CSLC-Modell, 2016, S. 291, und *Fleisch, E./Weinberger, M./Wortmann, F.*, Geschäftsmodelle, 2015, S. 455.
[9] Vgl. *Kaufmann, T.*, Geschäftsmodelle im Internet der Dinge, 2015, S. IX, und *Ransbotham, S.* u.a., Industrielles IoT, 2016, S. 834, und *Vermesan, O./Friess, P.*, IoT, 2013, S. 154.
[10] Vgl. *Robson, K./Pitt, L. F./Kietzmann, J.*, Tragbare Technologie, 2016, S. 167, und *Vermesan, O./Friess, P.*, IoT, 2013, S. 15.

Morabito[11], *S. Li./L. Da Xu/S. Zhao*[12] und *A. Whitmore/A. Agarwal/L. Da Xu*[13]. Diese wurden ausgewählt, da sie außerdem in der aktuellen Literatur als wesentliche Grundlage für Forschungsanstrengungen im Bereich Internet of Things dienen. Die vorliegende Abhandlung unterscheidet sich allerdings in einigen Punkten von zu den drei genannten. *A. Whitmore/A. Agarwal/L. Da Xu* haben in ihrer Arbeit das Fazit gezogen, dass das Thema Internet of Things in der Managementliteratur nicht präsent genug sei und die Einflüsse auf Geschäftsmodelle zu wenig erforscht wurden.[14] *S. Li./L. Da Xu/S. Zhao* haben den Aspekt der Geschäftsmodelle im Internet of Things nicht explizit untersucht und den Fokus mehr auf den technischen Aspekt gelegt.[15] Die laut Google Scholar von den dreien am häufigsten zitierte Arbeit von *L. Atzori/A. Iera/ G. Morabito* hat ebenfalls den Einfluss des Internet of Things auf die Geschäftsmodelle nicht untersucht, dennoch die teilweise heute noch bestehenden Herausforderungen bereits im Jahre 2010 identifiziert.[16] Aus diesem Grund ergründet die vorliegende Arbeit diese Aspekte und stellt den aktuellen Forschungsstand der Literatur im Internet of Things dar. Außerdem wird ein starker Fokus auf die aufkommenden Herausforderungen im Internet of Things gelegt, um neu aufkommende Forschungsströme darauf hinweisen zu können.

Die Arbeit gliedert sich dabei in fünf Abschnitte. Im ersten Kapitel wird nach der Einführung in die Thematik, worin das Konzept des Internet of Things vorgestellt wird, der Aufbau der Abhandlung geschildert. Das zweite Kapitel beschreibt die angewendete Methodik des Literatur Reviews. An dieser Stelle werden dem Leser die Ein- und Ausschlusskriterien der betrachteten Literatur vermittelt und die verwendeten Datenbanken und Suchmaschinen genannt. Außerdem wird das angewendete Konzept erläutert, nach dem die Literatur kategorisiert wurde. Im dritten Kapitel werden die Ergebnisse des Literatur Reviews dargestellt und der aktuelle Forschungsstand ergründet. Es werden neben dem Stand der Technologie außerdem die verschiedenen Anwendungsgebiete sowie die Einflüsse auf die Ge-

---

[11] Vgl. *Atzori, L./Iera, A./Morabito, G.*, Survey I, 2010, S. 2787-2805.
[12] Vgl. *Li, S./Da Xu, L./Zhao, S.*, Survey II, 2015, S. 243-259.
[13] Vgl. *Whitmore, A./Agarwal, A./Da Xu, L.*, Survey III, 2015, S. 261-274.
[14] Vgl. *Whitmore, A./Agarwal, A./Da Xu, L.*, Survey III, 2015, S. 269-270.
[15] Vgl. *Li, S./Da Xu, L./Zhao, S.*, Survey II, 2015, S. 255-256.
[16] Vgl. *Atzori, L./Iera, A./Morabito, G.*, Survey I, 2010, S. 2798-2804.

schäftsmodelle der Unternehmen dargestellt. Anschließend folgen die aktuellen Herausforderungen bei der Umsetzung des Konzepts Internet of Things in die Praxis. Schließlich werden im letzten Kapitel die Erkenntnisse zusammengefasst und wird die Fragestellung beantwortet. Danach wird noch ein kurzer Ausblick auf das Internet of Things gegeben, indem die analysierte Forschungslücke beschrieben wird.

2 Methodik des Literatur Reviews

Die Methodik des Literatur Reviews ist eine systematische Literaturrecherche mit dem Ziel, den Forschungsstand des Themas Internet of Things in der Topliteratur darzustellen. Im folgenden Kapitel wird zunächst das genaue Vorgehen und anschließend die angewendete Auswertungsmethodik erläutert.

2.1 Vorgehensweise

In Anlehnung an *J. Webster/R. T. Watson* wurde eine systematische Literaturrecherche durchgeführt.[17] Die Grundlage dafür bildete eine Stichwortsuche aus Beiträgen hochrangiger Journale und Konferenzen. Diese wurden zunächst anhand der mit A+, A und B bewerteten Journale und Konferenzen nach dem VHB-Teilranking Wirtschaftsinformatik (Stand: 2017) ausgewählt. Aufgrund der Relevanz, und um möglichst viele Ergebnisse zu erhalten, wurden neben deutschsprachigen Wörtern auch englischsprachige benutzt. Deshalb wurden als Suchphrasen die Begriffe Internet of Things und Internet der Dinge verwendet. Diese wurden somit in den festgelegten Topjournalen und Konferenzen mit Hilfe der Datenbanken EBSCOhost, Springerlink und Google Scholar durchsucht. Redundante Artikel aus den verschiedenen Datenbanken wurden ausgeschlossen, sodass es zu keiner Mehrfachzählung kommen konnte. Um die Fragestellung nach dem aktuellen Stand der Forschung zum Internet of Things beantworten zu können, wurde der relevante Zeitraum für die Suche auf die Jahre 2012 bis 2017 begrenzt. Die Suche beschränkte sich zunächst ausschließlich auf den Titel und ergab insgesamt 9 relevante Treffer. Um die Anzahl der Treffer zu erhöhen, wurden außerdem Artikel aus den Topjournalen und Konferenzen untersucht, die die genaue Wortgruppe

---

[17] Vgl. *Webster, J./Watson, R. T.*, Literatur Review, 2002, S. xiii-xxiii.

Internet of Things und Internet der Dinge in dem gesamten Artikel beinhalten. Diese Suche ergab weitere 20 relevante Treffer. Die Rückwärts- und Vorwärtssuche, worin die verwendeten Quellen der aus den ersten Schritten erhaltenen Literatur auf Relevanz überprüft wurden, brachte darüber hinaus jeweils weitere 15 relevante Quellen hervor. Hierbei wurde, neben der Relevanz der Quelle, der Maßstab so gelegt, dass die Journale und Konferenzen der Artikel im Gesamtranking des VHB-Teilrankings mit mindestens einem D bewertet wurden oder einen hohen h-Index im SCImago Journal & Country Rank vorzuweisen hatten. Eine detaillierte Tabelle der systematischen Literaturrecherche befindet sich in Anhang A. Dieser Tabelle sind die Informationen der relevanten Artikel zu entnehmen, wie die jeweilige Suchphrase und die Datenbank oder Suchmaschine, aus der sie stammt. Zusätzlich stellt sie eine Übersicht über die Journale und Konferenzen, in denen sie veröffentlicht wurden, dar.

Des Weiteren wurden für die Definitionen von Begrifflichkeiten oder für die Darstellung von grundlegenden Erkenntnissen im Bereich Internet of Things vier Bücher ausgewählt, welche teilweise mehrfach in den relevanten Artikeln aus den Topjournalen und Konferenzen zitiert wurden.

2.2 Auswertungsmethodik

Im Anschluss an die systematische Literaturrecherche wurde in Anlehnung an *J. Webster/R. T. Watson* eine Konzeptmatrix erstellt, in der die einzelnen Themenschwerpunkte und Charakteristika der relevanten Quellen dargestellt wurden.[18] Nach Durchsicht der relevanten Artikel resultierten vier Konzepte, welche wiederum teilweise auf weitere Unterkonzepte heruntergebrochen wurden. Das erste Konzept bildet die Technologie im Internet of Things, welches in drei weitere Unterkonzepte unterteilt wurde. Hierbei beschränkt sich die Arbeit fast ausschließlich auf die eingesetzte Hardware im Internet of Things. Das zweite Konzept bilden die verschiedenen Anwendungsgebiete, wobei sich die Arbeit auf die vier wesentlichsten beschränkt. Das dritte Konzept beschäftigt sich mit den Geschäftsmodellen, wonach das vierte Konzept folgt und die Herausforderungen des

---

[18] Vgl. *Webster, J./Watson, R. T.*, Literatur Review, 2002, S. xvi-xviii.

Internet of Things darstellt. Letzteres beschränkt sich auf die Aspekte der Sicherheit und Privatsphäre. Eine detaillierte Konzeptmatrix ist in Anhang B wiederzufinden. Diese gibt die einzelnen Konzepte der Artikel wieder, die sie umfassen, und leistet einen wesentlichen Beitrag zur Interpretation der dominierenden, fehlenden und neu aufkommenden Forschungsströme des Internet of Things.

3 Ergebnisse der systematischen Literaturrecherche

Im folgenden Kapitel werden nun die Ergebnisse der systematischen Literaturrecherche dargestellt. Dazu werden die insgesamt 44 relevanten Quellen in Konzepte unterteilt und im Folgenden resümierend wiedergegeben. Beginnend mit der Technologie folgt im Anschluss daran der Einsatz des Internet of Things in den verschiedenen Anwendungsgebieten. Danach wird der Einfluss auf die Geschäftsmodelle beschrieben und zuletzt auf die Herausforderungen in Bezug auf Sicherheit und Privatsphäre im Internet of Things eingegangen.

3.1 Technologie

Angesichts der vielfältigen Anwendungsbereiche der Internet-of-Things-Dienste ist die angewendete Technologie sehr breit aufgestellt. Je nach Branche und Tätigkeit benötigen die Unternehmen verschiedene Funktionalitäten.[19]

> „In the context of discussions about IoT [Internet of Things] technologies, a frequently-used concept is that of IoT platforms. In computing, the term 'platform' itself is a relatively broad concept, which has, e.g., been defined as 'a group of technologies that are used as a base upon which other applications, processes or technologies are developed'[20].“[21]

Die einzelnen Komponenten der Internet-of-Things-Plattformen können je nach den speziellen Bedürfnissen der Unternehmen variieren, wodurch eine Vielzahl von unterschiedlichen Plattformen entsteht und deshalb keine Standardtechno-

---

[19] Vgl. *Wortmann, F./Flüchter, K.,* Wertschöpfung durch IoT, 2015, S. 223.
[20] *Janssen, C.,* Definition Plattform, 2017, https://www.techopedia.com/definition/3411/platform, 27.07.2017.
[21] *Wortmann, F./Flüchter, K.,* Wertschöpfung durch IoT, 2015, S. 223.

logie definiert werden kann.[22] *M. E. Porter/J. E. Heppelmann* stellen in ihrem Artikel solch eine Plattform als Technologiestapel dar und führen diesen am Beispiel eines produzierenden Unternehmens für intelligente Waren auf, wie in Abbildung 1 dargestellt. Der Technologiestapel weist drei Kernschichten auf: die Produktschicht, die Verbindungsschicht und die Schicht für die Infrastruktur in Form eines Cloud-Systems[23], das auf einem unternehmenseigenem Server oder dem eines Drittanbieters betrieben werden kann[24]. Das National Institute of Standards and Technology definiert das Cloud-Computing wie folgt:[25]

> „Cloud computing is a model for enabling ubiquitous, convenient, on-demand network access to a shared pool of configurable computing resources (e.g., networks, servers, storage, applications, and services) that can be rapidly provisioned and released with minimal management effort or service provider interaction.“[26]

Das Cloud-Computing ermöglicht unter anderem verschiedene Dienstleistungsmodelle, wie zum Beispiel das Software-as-a-Service[27], worauf in Kapitel 3.3 näher eingegangen wird. Auf der Ebene der Hardware können Sensoren, Aktoren oder Prozessoren zu der schon vorhandenen Hardware hinzugefügt werden, um die physischen Objekte mit der Plattform zu verbinden und somit ihre Funktionalitäten zu verwalten.[28]

---

[22] Vgl. *Wortmann, F./Flüchter, K.*, Wertschöpfung durch IoT, 2015, S. 223.
[23] Vgl. *Porter, M. E./Heppelmann, J. E.*, Smarte Produkte, 2014, S. 69.
[24] Vgl. *Porter, M. E./Heppelmann, J. E.*, Smarte Produkte, 2014, S. 68.
[25] Vgl. *Mell, P./Grance, T.*, Cloud Computing, 2011, S. 2.
[26] *Mell, P./Grance, T.*, Cloud Computing, 2011, S. 2.
[27] Vgl. *Mell, P./Grance, T.*, Cloud Computing, 2011, S. 2.
[28] Vgl. *Porter, M. E./Heppelmann, J. E.*, Smarte Produkte, 2014, S. 69.

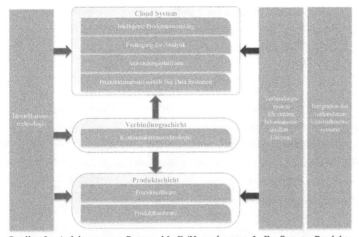

Quelle: In Anlehnung an *Porter, M. E./Heppelmann, J. E.,* Smarte Produkte, 2014, S. 69.

Abbildung 1: Beispiel eines Internet-of-Things-Technologiestapels

Die Integration der vorhandenen Unternehmenssysteme zu einem einheitlichen Technologiestapel ermöglicht neben einer schnellen Produktentwicklung die Erfassung, Analyse und gemeinsame Nutzung der potenziell riesigen Mengen an Daten, auf die bisher nicht zugegriffen werden konnte. Die Herausforderungen bilden dabei neben den umfangreichen Investitionen auch die Aneignung neuer Fertigkeiten wie Softwareentwicklung, die Datenanalytik zur Effizienzsteigerung des Unternehmens und die Expertise über Onlinesicherheit.[29]

Das Datenvolumen ist durch die zunehmende Digitalisierung, wie das Internet of Things, in den letzten Jahren exponentiell gewachsen. Die Verwaltung dieser Daten mit den bisher bekannten Techniken ist nicht mehr möglich. Das neue Konzept der Big-Data-Technologien bezieht sich auf Aspekte wie Volumen, Geschwindigkeit und Vielfalt an Informationsvermögen, welche neue und innovative Formen der Verarbeitung erfordern, um verbesserte Entscheidungsfindungen, Geschäftseinblicke und Prozessoptimierungen gewährleisten zu können. Aufgrund des Grundgedankens der Big-Data-Techniken und -Technologien, große Daten-

---

[29] Vgl. *Porter, M. E./Heppelmann, J. E.,* Smarte Produkte, 2014, S. 68-69.

mengen verwalten zu können[30], bilden diese die treibende Kraft für eine Vielzahl der Anwendungen im Internet of Things. Eine wichtige Big-Data-Technologie bildet das Cloud-Computing, dessen Einsatz auch im Internet of Things weit verbreitet ist.[31]

Nach dieser Einführung und Verdeutlichung des Umfangs der Technologien im Internet of Things befassen sich die nun folgenden Unterkapitel mit den, nach herrschender Meinung, wichtigsten Technologien, die im Internet of Things eingesetzt werden. Dazu gehören die Identifikations- und Kommunikationstechnologien sowie die Sensornetze. Zudem werden Alternativen aus der aktuellen Forschung vorgestellt und mit den derzeit eingesetzten Technologien verglichen.

„Much of the hardware upon which the IoT is being built already exists and is currently in wide spread use. Critical hardware infrastructure includes: RFID [Radio-Frequency Identification], NFC [Near Field Communication] and Sensor Networks."[32]

Diese Technologien, die das Internet of Things ermöglichen, werden nun näher erläutert und bestimmte technische Begrifflichkeiten genauer definiert, um ein besseres Verständnis für diese Arbeit zu schaffen. Dazu wurden insgesamt 17 verschiedene Artikel identifiziert, welche sich mit diesem Konzept auseinandersetzen.

3.1.1 Identifikation

Eine der grundlegendsten Funktionen einer allgegenwärtigen Anwendung bildet die Identifikation der Objekte.[33] Diese Fähigkeit besitzt die Radio-Frequency-Identification-(RFID-)Technologie. Sie ist in der Lage, mittels RFID-Transponder Informationen zu speichern, und kann somit als elektronischer Datenspeicher genutzt werden. Diese Informationen können drahtlos über mehrere Meter kommu-

---

[30] Vgl. *Storey, V. C./Song, I.,* Big Data, 2017, S. 50.
[31] Vgl. *Storey, V. C./Song, I.,* Big Data, 2017, S. 57.
[32] *Whitmore, A./Agarwal, A./Da Xu, L.,* Survey III, 2015, S. 263.
[33] Vgl. *Fleisch, E./Mattern, F.,* Internet der Dinge, 2005, S. 34.

niziert werden,[34] weshalb es auch als Nahbereichskommunikationstechnologie bezeichnet werden kann.[35] Der RFID-Transponder kann mit einem RFID-Leser über hochfrequente Felder elektronische Produktcodes kommunizieren. Ein elektronischer Produktcode ist eine universell eindeutige Bezeichnung für ein Objekt, womit der RFID-Transponder das Objekt präzise identifizieren und dies an den RFID-Leser kommunizieren kann. Aufgrund dieser Funktionalität bildet die RFID-Technologie die Grundlage für das Internet of Things und wird im Zuge dessen ständig erweitert und optimiert.[36] Ein klassisches RFID-System besteht aus einem Rechner, der Kommandos oder Daten an den RFID-Leser schickt, und mindestens einem RFID-Transponder, von dem sich das Lesegerät die geforderten Informationen besorgt, wie in Abbildung 2 dargestellt ist. Der RFID-Leser fragt diese mittels einer Kopplungseinheit, in Form einer Antenne oder Spule, ab. Ein elektromagnetisches Wechselfeld sorgt für die Kommunikation zwischen dem Lesegerät und den Transpondern. Letztere werden damit zusätzlich mit Energie versorgt, weshalb sie als passive Transponder bezeichnet werden.[37]

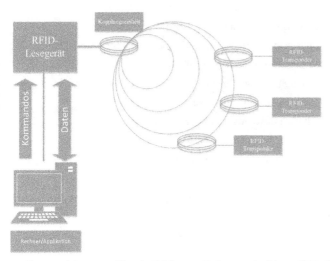

Quelle: In Anlehnung an *Fleisch, E./Mattern, F.,* Internet der Dinge, 2005, S. 71.

Abbildung 2: Komponenten eines RFID-Systems

---

[34] Vgl. *Fleisch, E./Mattern, F.,* Internet der Dinge, 2005, S. 70.
[35] Vgl. *Whitmore, A./Agarwal, A./Da Xu, L.,* Survey III, 2015, S. 263.
[36] Vgl. *Whitmore, A./Agarwal, A./Da Xu, L.,* Survey III, 2015, S. 263.
[37] Vgl. *Fleisch, E./Mattern, F.,* Internet der Dinge, 2005, S. 70.

Die sogenannten aktiven RFID-Transponder sind mit einer internen Stromquelle, meist in Form einer Batterie, ausgestattet. Damit kann der Anfälligkeit für Störungen entgegengewirkt werden, jedoch ist die Lebensdauer der internen Stromquelle begrenzt. Die Wartung und der Austausch der Stromquelle führen zu höheren Kosten im Vergleich zum passiven RFID-Transponder.[38] Trotzdem kommt der aktive RFID-Transponder in der Industrie öfter zum Einsatz, da der Reifegrad und die Entwicklung fortgeschrittener sind und er sich zusätzlich in den Anwendungsgebieten bewährt hat.[39]

In der Literatur werden zu der RFID-Technologie Alternativen oder Erweiterungen diskutiert, die die Identifikation und Kommunikation optimieren sollen.[40] Die RFID-Transponder, bestehend aus kostengünstigen elektronischen Bauteilen und die passive Form ohne eigene Energieversorgung, sind empfindlich und daher in vielen Fällen nicht mehr funktionstüchtig. Die Probleme von Übertragungsfehlern oder sogar fehlerhaften Informationen häufen sich durch eine ungünstige Ausrichtung der Antennen oder Flüssigkeiten und Metall in der Umgebung.[41] Aspekte wie Sicherheit in der Datenübertragung und Ausschluss von Manipulation sind mit der RFID-Technologie nicht völlig gewährleistet, was zu großen Schwierigkeiten vor allem in der Transport- und Logistikbranche führt, da die RFID-Technologie in diesen Bereichen besonders oft zum Einsatz kommt.[42] Es werden Alternativen mittels Master-Slave-Architekturen konstruiert, wie zum Beispiel das elektronische Stammbaumsystem. Mit Hilfe dieser Alternative werden sämtliche Informationen von der Produktion über den Transport oder die Verarbeitung bis hin zum Zielort erfasst. Folglich wird die gesamte Progression der Wertschöpfungskette in sicheren Dokumenten übermittelt und erfasst, was in einigen Branchen zu einem erheblichen Vorteil gegenüber der klassischen RFID-Technologie führt.[43] Grundsätzlich fordern Z. Zou u.a. in ihrem Artikel die Verbesserung der Leistungsfähigkeit der RFID-Technologie. Zunächst müssen Sensoren und Schnittstellenschal-

---

[38] Vgl. *Zou, Z.* u.a., Logistik, 2014, S. 4.
[39] Vgl. *Zou, Z.* u.a., Logistik, 2014, S. 9.
[40] Vgl. *Han, W.* u.a., Stammbaum System, 2015, S. 275, und *Capello, F./Toja, M./Trapani, N.*, Echtzeit-Überwachungsservice, 2016, S. 10.
[41] Vgl. *Fleisch, E. / Mattern, F.* , Internet der Dinge, 2005, S. 79.
[42] Vgl. *Han, W.* u.a., Stammbaum System, 2015, S. 275, und *Capello, F./Toja, M./Trapani, N.*, Echtzeit-Überwachungsservice, 2016, S. 10.
[43] Vgl. *Han, W.* u.a., Stammbaum System, 2015, S. 276.

tungen in die RFID-Transponder integriert und entwickelt werden, um eine genauere Erfassung der Transporte gewährleisten zu können. Im Weiteren sehen *Z. Zou* u.a. Handlungsbedarf in der Kommunikation zwischen dem RFID-Lesegerät und den RFID-Transpondern, um höhere Datenraten und Lesereichweiten zu generieren. Außerdem sorgen integrierte Schaltkreise und die Vermeidung von Silizium in den RFID-Transpondern zu einer höheren Leistungsfähigkeit der RFID-Technologie.[44]

3.1.2 Kommunikation

Wie zu Beginn des Kapitels 3.1 schon erwähnt, enthält eine Internet-of-Things-Plattform vielfältige Hardwarekomponenten. Trotzdem muss dabei ein Netzwerk die reibungslose Kommunikation gewährleisten können, damit Internet-of-Things-Dienste auch funktionieren. Solche Vernetzungstechnologien, die sowohl die Verbindung zwischen den Systemen als auch die der Objekte mit den Personen herstellen, variieren auch in diesem Fall. Zu den gängigen Kommunikationstechnologien im Internet of Things zählen Near Field Communication (NFC), ZigBee und Bluetooth. Jedoch geraten diese Technologien mit den zunehmenden Anforderungen an ihre Grenzen. Die stetig steigende Anzahl der Geräte, der zunehmende Durchsatz, die geringen Übertragungsreichweiten und der Energieverbrauch erfordern Weiterentwicklungen.[45]

Die NFC-Technologie baut auf dem RFID-Standard auf und ist eine hoch frequentierte drahtlose Kommunikationstechnologie mit einer Reichweite von wenigen Zentimetern. Die NFC-Transponder sind in der Lage mittels einer Funkverbindung miteinander zu kommunizieren und Daten auszutauschen, weshalb es auch als „Peer-to-Peer"-Methode bezeichnet wird. Diese Art der Kommunikationstechnologie ist häufig in mobilen Smartphones integriert[46] und ermöglicht sowohl die Analyse des Kaufverhaltens von Konsumenten[47] als auch die mobile kontaktlose Bezahlung. Letzteres erfordert hohe Resistenz, vor allem im Bereich

---

[44] Vgl. *Zou, Z.* u.a., Logistik, 2014, S. 5.
[45] Vgl. *Khatoun, R./Zeadally, S.,* Smart Cities, 2016, S. 50, und *Li, S./Da Xu, L./Zhao, S.,* Survey II, 2015, S. 250.
[46] Vgl. *Leimeister, J. M.,* Wirtschaftsinformatik, 2015, S. 435, und *Whitmore, A./Agarwal, A./Da Xu, L.,* Survey III, 2015, S. 263.
[47] Vgl. *Sicari, S.* u.a., Modell-Architektur für das IoT, 2016, S. 666-667.

der Sicherheit. Aus diesem Grund schlagen *T. Grønli/P. Pourghomi/G. Ghinea* in ihrem Artikel ein Modell vor, wobei sie das Prinzip des Cloud-Computings mit der NFC-Technologie verbinden.[48] Damit gewährleisten sie eine flexiblere und sicherere Verwaltung der Zahlungsaufträge und eine höhere Privatsphäre.[49]

Eine regelmäßige Überwachung und höhere Reichweiten im Vergleich zur Bluetooth- und NFC-Technologie bietet die Kommunikationstechnologie ZigBee. Sie ist in der Lage, sich in den Stand-by-Modus zu versetzen, wodurch der Energieverbrauch sehr gering ausfällt, verglichen mit einer WLAN-Verbindung.[50] Der Unterschied zur klassischen RFID- oder NFC-Technologie ist, dass einzelne ZigBee-Transponder die Daten und Informationen nicht zwangsläufig zu einer Basisstation übertragen müssen, sondern diese auch von Transponder zu Transponder übertragen können. Diese Übertragungskette erfolgt vollautomatisch und führt zu einer hohen Reichweite. Die ZigBee-Kommunikationstechnologie eignet sich für viele Anwendungsgebiete, wie die Überwachung von großflächigen Gebieten vor Waldbränden oder des Straßenverkehrs.[51] Gerade in der Automobilindustrie findet diese Technologie immer mehr Beachtung. Die Transponder übertragen Daten und Informationen der einzelnen Fahrzeugteile an das Steuergerät und prüfen dabei unter anderem den Grad des Verschleißes oder Temperaturen.[52] ZigBee ist außerdem prädestiniert für die Messung von medizinischen Parametern oder Vitalfunktionen. Daher ist der Einsatz dieser Technologie im Gesundheitswesen besonders häufig.[53]

Die klassische Bluetooth-Kommunikationstechnologie ermöglicht Ad-hoc-Verbindungen zwischen verschiedenen Geräten, auch wenn sie vorher noch nicht miteinander verbunden waren.[54] Anwendung findet diese Technologie vor allem in der Automobilindustrie, welche die Kommunikation zwischen Fahrzeug und Steuergerät ermöglicht.[55] Um einen noch geringeren Energieverbrauch zu erzielen

[48] Vgl. *Grønli, T./Pourghomi, P./Ghinea, G.,* NFC, 2015, S. 986.
[49] Vgl. *Grønli, T./Pourghomi, P./Ghinea, G.,* NFC, 2015, S. 989.
[50] Vgl. *Andelfinger, V. P./Hänisch, T.,* Technik und Trends, 2014, S. 109.
[51] Vgl. *Andelfinger, V. P./Hänisch, T.,* Technik und Trends, 2014, S. 21-22.
[52] Vgl. *Coppola, R./Morisio, M.,* Verbundene Autos, 2016, S. 46:10-46:11.
[53] Vgl. *Borgia, E.,* IoT Vision, 2014, S. 11.
[54] Vgl. *Leimeister, J. M.,* Wirtschaftsinformatik, 2015, S. 435.
[55] Vgl. *Coppola, R./Morisio, M.,* Verbundene Autos, 2016, S. 46:13-46:15.

und die Komplexität des Verbindungsaufbaus von Bluetooth-fähigen Geräten zu verringern, wurde die Erweiterung Bluetooth Low Energy (BLE) entwickelt. Die BLE-Kommunikationstechnologie ermöglicht den Unternehmen unter anderem effektivere Werbung für ihre Produkte und Dienste auf den Smartphones der Konsumenten zu schalten. *A. F. Harris III.* u.a. sehen aufgrund des zunehmenden Interesses an solchen Funktionen das Problem, dass das BLE hierbei an seine Grenzen stößt. Das stetig wachsende Internet of Things führt zu einem ständig steigenden Datenaufkommen, das wiederum in der BLE-Technologie zu hohen Kollisionsraten führen kann. Um dem entgegenzuwirken, schlagen sie in ihrem Artikel ein erweitertes Modell der BLE-Technologie vor und optimieren dabei außerdem die Schaltung von Werbeanzeigen.[56]

Eine weitere weit verbreitete Kommunikationstechnologie im Internet of Things bildet das WLAN. Es hat den Vorteil, dass es fast überall verfügbar ist und die Objekte sich selbstständig mit dem WLAN verbinden können. Der Nachteil liegt im Energieverbrauch. Um einen Dauerbetrieb gewährleisten zu können, muss die Anzahl der Datenübertragungen so gering und kurz wie möglich gehalten werden. Da der Verbindungsaufbau in der WLAN-Technologie einige Zeit in Anspruch nimmt, ist die Nutzung in einigen Anwendungsbereichen problematisch.[57] Trotzdem ist die WLAN-Technologie zum Beispiel im Anwendungsbereich Smart Cities unverzichtbar. Aus diesem Grund gibt es mittlerweile energieeffiziente Lösungen, die außerdem in der Lage sind, mehrere tausend Geräte gleichzeitig zu verbinden und eine Übertragungsreichweite von bis zu einem Kilometer zu ermöglichen.[58]

Die oben aufgeführten Technologien sind die von der Literatur am wichtigsten bewerteten neben vielen weiteren Kommunikationstechnologien. Für ein funktionierendes Internet-of-Things-System sollten die Geräte in der Lage sein, problemlos miteinander interagieren zu können.[59]

---

[56] Vgl. *Harris III, A. F.* u.a., BLE, 2016, S. 30.
[57] Vgl. *Andelfinger, V. P./Hänisch, T.*, Technik und Trends, 2014, S. 21.
[58] Vgl. *Khatoun, R./Zeadally, S.*, Smart Cities, 2016, S. 49-50.
[59] Vgl. *Ives, B./Palese, B./Rodriguez, J. A.*, CSLC-Modell, 2016, S. 293.

„Connectivity is a central element of the design of IoT-enabled products. As is typical with emergent technologies however, a proliferation of IoT communication protocols has emerged as different vendors attempt to establish their technology as the standard."[60]

Die Anbieter konzentrieren sich ausschließlich darauf, die Vorteile ihrer Technologien anzupreisen, und bieten Lösungen an, die auf Eigenständigkeit abzielen. Diese Tatsache schränkt das Potenzial des Internet of Things ein, denn teilweise müssen viele verschiedene Technologien erworben werden, die einzeln eingeschränkte Funktionalitäten besitzen.[61] Eine große Herausforderung bei der Entwicklung einer einheitlichen Lösung besteht darin, die vielfältigen Einsatzszenarien im Vorfeld bestimmen und die zahlreichen Funktionalitäten unterstützen zu können.[62] Diesbezüglich gibt es Ansätze und Lösungen, die einzelnen Fähigkeiten von Internet-of-Things-Objekten zu kombinieren, um einen Befehl auszuführen und sogenannte Cross-Device-Interaktionen zu ermöglichen.[63] Eines dieser Ansätze ist „Improv", welches Endnutzern ermöglicht in eine bestehende, unveränderbare Anwendung zusätzliche Geräte einzubinden und diese zu steuern. Die Steuerung von bestimmten Anwendungen erfolgt durch die Gestik auf einem Smartphone. Dadurch müssen bestimmte Verhaltensweisen nicht im Vorfeld einprogrammiert sein, sondern werden vom Nutzer per Hand kommuniziert.[64] Weitere Ansätze für Cross-Device-Interaktionen haben die Unternehmen SmartThings und Wink entwickelt, die als Pioniere in diesem Segment gelten. Ihre Ansätze bestehen darin, Lösungen zu entwickeln, welche die Kompatibilität verschiedener Internet-of-Things-Geräte gewährleisten können.[65] Dennoch müssen diese Ansätze weiterentwickelt werden[66], denn „Currently, IoT technologies are at their infant stages;".[67]

---

[60] *Ives, B./Palese, B./Rodriguez, J. A.,* CSLC-Modell, 2016, S. 293.
[61] Vgl. *Ives, B./Palese, B./Rodriguez, J. A.,* CSLC-Modell, 2016, S. 293.
[62] Vgl. *Chen, X./Li, Y.,* Cross-Device-Interaktion, 2017, S. 15:2.
[63] Vgl. *Chen, X./Li, Y.,* Cross-Device-Interaktion, 2017, S. 15:1, und *Ives, B./Palese, B./Rodriguez, J. A.,* CSLC-Modell, 2016, S. 293.
[64] Vgl. *Chen, X./Li, Y.,* Cross-Device-Interaktion, 2017, S. 15:1.
[65] Vgl. *Ives, B./Palese, B./Rodriguez, J. A.,* CSLC-Modell, 2016, S. 293.
[66] Vgl. *Chen, X./Li, Y.,* Cross-Device-Interaktion, 2017, S. 15:17ff..
[67] *Li, S./Da Xu, L./Zhao, S.,* Survey II, 2015, S. 243.

3.1.3 Sensornetze

Eine weitere wichtige Komponente der Internet-of-Things-Technologie sind die eingesetzten Sensoren und Sensornetze.[68] Drahtlose Sensoren haben sehr geringe Herstellungskosten und sind ausgestattet mit einer Funkantenne und Sensoren, die in der Lage sind, eine oder mehrere Umgebungsparameter zu erfassen.[69] Diese Parameter können Temperatur, Feuchtigkeit, Bewegung oder eine bestimmte Menge sein. Wenn mehrere Sensoren verwendet werden und zusammen interagieren, werden sie als drahtloses Sensornetzwerk beziehungsweise Wireless Sensor Network (WSN) bezeichnet. Solch ein Sensornetzwerk kann als Verbindungssystem eingesetzt werden, das Daten von den Sensoren erhält und an das System weiterleitet. Das Gegenstück zu den Sensoren bilden die Aktoren. Sie führen Aktionen aus, um die Umgebung oder das Objekt zu beeinflussen. Diese Funktion ermöglicht die Kommunikation zwischen einem Internet-of-Things-Objekt und dem Menschen. Sensoren und Aktoren kombiniert können somit Daten und Informationen aus Umgebung und Objekten erfassen und mit entsprechenden Signalen reagieren und kommunizieren.[70]

Die Datenübertragung über Funk ist die größte Herausforderung bei der Arbeit mit batteriebetriebenen Sensoren, weil diese Aktionen eine große Menge Energie verbrauchen. Ein weiteres Problem ist die geringe Verfügbarkeit der Frequenzressourcen, da aufgrund des stetig wachsenden Internet of Things auch die Datenerzeugung weiter zunehmen wird.[71] Hierzu werden in der Literatur bereits Energiegewinnungs- und Ladetechniken diskutiert[72], indem zum Beispiel Attestierungsverfahren optimiert werden. Die Attestierung ist ein Mechanismus, welcher die Softwareintegrität einer nicht vertrauenswürdigen Plattform validiert und damit eine große Menge Energie verbraucht.[73] Ferner werden Datenreduktionsmechanismen vorgeschlagen, um die drahtlosen Sensornetzwerke auch weiterhin im Internet of Things einsetzen zu können.[74]

---

[68] Vgl. *Li, S./Da Xu, L./Zhao, S.*, Survey II, 2015, S. 250.
[69] Vgl. *Dias, G. M./Bellalta, B./Oechsner, S.*, Datenreduktion, 2016, S. 1.
[70] Vgl. *Whitmore, A./Agarwal, A./Da Xu, L.*, Survey III, 2015, S. 264.
[71] Vgl. *Dias, G. M./Bellalta, B./Oechsner, S.*, Datenreduktion, 2016, S. 1.
[72] Vgl. *Granjal, J./Monteiro, E./Silva, J. S.*, Sicherheit im WSN, 2015, S. 264, und *Steiner, R. V./Lupu, E.*, Attestierungsverfahren, 2016, S. 51:1.
[73] Vgl. *Steiner, R. V./Lupu, E.*, Attestierungsverfahren, 2016, S. 51:1/51:24.
[74] Vgl. *Dias, G. M./Bellalta, B./Oechsner, S.*, Datenreduktion, 2016, S. 1.

Typische Anwendungsgebiete der drahtlosen Sensornetze sind der Lebensmittel-
transport zur Überwachung der Frische[75], das Gesundheitswesen in Form von
Notrufsystemen oder aber auch der Einsatz in der Umwelt als Überwachungs-
instrument beispielsweise von Vulkanen.[76] Diese Anwendungsgebiete werden im
nächsten Kapitel nochmals aufgegriffen und näher erläutert.

3.2   Anwendungsgebiete

Im folgenden Kapitel werden die wichtigsten Anwendungsbereiche des Internet of
Things dargestellt. Dabei ist das Ziel zu erläutern, welchen Mehrwert die verschiedenen Bereiche erzielen und sich zukünftig erhoffen. Insgesamt beschäftig-
ten sich 27 der 44 relevanten Quellen mit den verschiedenen Anwendungsbereichen. Aus diesen werden die aktuellen Forschungsströme, spezifische Herausforderungen und Alternativen zusammenfassend wiedergegeben.

3.2.1   Industrielle Produktion

Die Industrie erwartet von der Anwendung von Internet-of-Things-Diensten ef-
fektive Lösungen, um den Betrieb und die Rolle vieler industrieller Systeme posi-
tiv zu verändern. Diese Erwartungshaltung führt zum Konzept des sogenannten
industriellen Internet of Things.[77] Aus diesem Grund nimmt die Anwendung des
Internet of Things in der industriellen Produktion immer mehr an Bedeutung zu[78]
und die Hoffnung auf Wertschöpfung ist immens. Die industriellen Maschinen
werden mit digitalen Sensoren, Aktoren und lokaler Intelligenz erweitert und mittels drahtloser Kommunikationstechnologie verbunden.[79] Dies ermöglicht den
Unternehmen eine Fernüberwachung und Steuerung ihrer Maschinen, woraus unter anderem Daten resultieren, welche mittels Algorithmen analysiert werden
können. Dadurch sind Unternehmen in der Lage, frühzeitig auf Systemänderun-
gen zu reagieren.[80] Laut einer Studie des McKinsey Gobal Institute werden jedoch

---

[75] Vgl. *Zou, Z.* u.a., Logistik, 2014, S. 1.
[76] Vgl. *Steiner, R. V./Lupu, E.*, Attestierungsverfahren, 2016, S. 51:1.
[77] Vgl. *Gurtov, A./Liyanage, M./Korzun, D.*, Sicherheit in der Kommunikation, 2016, S. 1059.
[78] Vgl. *Vermesan, O./Friess, P.*, IoT, 2013, S. 157, und *March, S. T./Scudder, G. D.*, Instandhaltung, 2017, S. 1.
[79] Vgl. *Ransbotham, S.* u.a., Industrielles IoT, 2016, S. 842.
[80] Vgl. *March, S. T./Scudder, G. D.*, Instandhaltung, 2017, S. 1-2.

die meisten Daten, die aus dem Internet of Things resultieren, nicht ausgewertet, wodurch das Nutzenpotenzial wächst.[81] Insgesamt taxiert die Studie den Nutzenzuwachs des Internet of Things in der Industrie auf 1,2 bis 3,7 Billionen US-Dollar ab dem Jahr 2025. Der Nutzenzuwachs entsteht durch Produktivitätsverbesserungen, Energieeinsparungen, Verbesserung der Arbeitseffizienz und Instandhaltungen, Bestandsoptimierungen sowie Verbesserung der Gesundheit und Sicherheit der Arbeitnehmer.[82] Eine vereinfachte Annahme von Accenture, McKinsey und General Electric besagt, dass das Internet of Things bis 2030 weltweit eine einprozentige Verbesserung der industriellen Produktivität erreichen könnte.[83]

Ein Ansatz zur Entwicklung von Internet-of-Things-Diensten in der industriellen Produktion ist die Schaffung eines intelligenten Raums in Unternehmenssystemen. Der Begriff „intelligent", auch bekannt als „smart" im Kontext des Internet of Things, bedeutet, dass jeder Teilnehmer aus der Umgebung des Internet of Things Entscheidungen treffen kann. Diese Entscheidungen können insoweit ausgeführt werden, sofern sich das System das Wissen angeeignet hat, welches es durch die Aktivitäten und Beobachtungen vieler anderer Teilnehmer der Umgebung sammelt. Damit sind solche Dienste in der Lage, Benutzerbedürfnisse zu erkennen, größere Datenmengen automatisiert zu verarbeiten und Informationen zur Entscheidungsfindung bereitzustellen. Infolgedessen werden die Internet-of-Things-Dienste mit kooperativer Wissensverarbeitung über den intelligenten Raum aufgebaut und ermöglichen eine automatisierte globale Planung, Steuerung und Kontrolle.[84] Vor allem für Produktionsbetriebe ist aufgrund der Dezentralisierung ihrer Produktionsstätten dieser Dienst ein enormer Vorteil.[85] Die Möglichkeiten gehen von einer flexibleren über einer nachhaltigeren bis hin zu einer serviceorientierteren Fertigung.[86]

---

[81] Vgl. *Manyika, J.* u.a., McKinsey, 2015, S. i.
[82] Vgl. *Manyika, J.* u.a., McKinsey, 2015, S. 8.
[83] Vgl. *Ransbotham, S.* u.a., Industrielles IoT, 2016, S. 842.
[84] Vgl. *Gurtov, A./Liyanage, M./Korzun, D.,* Sicherheit in der Kommunikation, 2016, S. 1068-1070.
[85] Vgl. *Bi, Z./Da Xu, L./Wang, C.,* IoT in der Produktion, 2014, S. 1544.
[86] Vgl. *Cheng, Y.* u.a., Produktionssysteme, 2016, S. 1.

Die stetig wachsende Weltbevölkerung bringt eine zunehmende Nahrungsmittelnachfrage mit sich, welches die Lebensmittelproduktion vor neue Herausforderungen stellen wird. Um effizientere Erträge und höhere Qualitätsstandards erzielen zu können, liefern Internet-of-Things-Dienste auch hierbei eine Lösung.[87] Durch eine Echtzeitanalyse mittels der Sensortechnik lassen sich Produktverschlechterungen eindeutig identifizieren. Diese ist in der Lage, kontinuierlich Temperatur und Feuchtigkeit von leicht verderblichen Lebensmitteln zu messen. Die eingesetzten Aktoren können daraufhin bei Bedarf die Temperatur oder die Feuchtigkeit modifizieren. Auch die Nachhaltigkeit der Lebensmittel lässt sich durch die Anwendung der RFID-Technologie einfacher und nachvollziehbarer authentifizieren. Der Einsatz dieser Internet-of-Things-Technologien führt außerdem zur Senkung der Kosten und zu höheren Gewinnspannen infolge der effizienteren Produktion.[88]

Die Automobilindustrie ist seit mehr als einem Jahrhundert stets bestrebt Verbesserungen vorzunehmen, weshalb wissenschaftliche Entdeckungen immer neue attraktive Alternativen für ihre Fahrzeuge bieten. Das Internet of Things ermöglicht dabei das sogenannte verbundene Automobil, welches in der Lage ist, auf das Internet zuzugreifen und mit intelligenten Geräten sowie anderen verbundenen Fahrzeugen und der Straßeninfrastruktur zu kommunizieren und Echtzeitdaten aus mehreren Quellen zu sammeln. Schätzungsweise 75 Prozent der Autos werden bis 2020 mit der notwendigen Hardware ausgestattet sein, um eine Verbindung in das Internet herzustellen. Die Automobilindustrie ist bestrebt die Fahrer von stressigen Operationen, die für das Fahren benötigt werden, zu entlasten und zusätzlich interessante und aktuelle Unterhaltsfunktionalitäten zu bieten.[89] Das derzeit am meisten diskutierte Thema in der Automobilindustrie ist das autonome Fahrzeug. Die Internet-of-Things-Technologien ermöglichen Fahrzeugen ihre Umgebung wahrzunehmen, um somit Entscheidungen ohne menschliches Eingreifen zu planen, zu kommunizieren und zu treffen.[90] Autonome Fahrzeuge führen zu erheblichen Vorteilen für die Verkehrssicherheit, für die Finanzen der Institutionen und

---

[87] Vgl. *Capello, F./Toja, M./Trapani, N.*, Echtzeit-Überwachungsservice, 2016, S. 17.
[88] Vgl. *Borgia, E.*, IoT Vision, 2014, S. 8.
[89] Vgl. *Coppola, R./Morisio, M.*, Verbundene Autos, 2016, S. 46:1-46:2.
[90] Vgl. *Coppola, R./Morisio, M.*, Verbundene Autos, 2016, S. 46:21.

für das Zeitmanagement und die Produktivität der Nutzer. Um einen Nutzen aus diesen Vorteilen ziehen zu können, müssen jedoch noch einige Hürden überwunden werden. Neben den hohen Kosten für die Herstellung eines autonomen Fahrzeugs gibt es noch großen Forschungsbedarf in den Bereichen der Technologien und Standards. Außerdem muss zunächst das Vertrauen in autonome Fahrzeuge gebildet werden, um das Fahren aufzugeben. Dennoch behauptet der Autobauer Tesla, dass das führerlose Fahrzeug in zwei bis drei Jahren Realität sein wird.[91] Um dies in die Praxis umzusetzen, muss auch die Infrastruktur smart sein.[92] Inwieweit hier der Stand der Forschung fortgeschritten ist, wird im folgenden Kapitel dargestellt.

3.2.2 Smarte Infrastruktur

Das Internet of Things ist bereits in vielen verschiedenen Bereichen der Infrastruktur integriert. In diesem Zusammenhang entstanden die Begriffe Smart Home, Smart Buildings oder auch Smart Cities.[93] Im Laufe der Zeit entwickelten sich noch viele weitere Bereiche durch den Einsatz der Internet-of-Things-Technologie, wie Abbildung 3 veranschaulicht. Das folgende Kapitel beschränkt sich dabei auf die drei genannten Bereiche und stellt den Forschungsstand dar.

Unter dem Begriff Smart Home versteht man die Integration der Internet-of-Things-Technologie in physische Objekte.[94] Die sogenannten intelligenten physischen Objekte haben die Fähigkeit, Menschen in ihren Aktivitäten zu unterstützen, die sozialen Beziehungen mit ihnen und auch zu anderen intelligenten Objekten zu interagieren und zu managen. Diese Fähigkeiten erlangen sie, indem die intelligenten physischen Objekte mit Wissen und Daten versorgt werden.[95] Dabei entstehen Risiken, wie die Debatten über die künstliche Intelligenz oder die Angreifbarkeit durch Hackangriffe zeigen[96]. Die intelligenten Objekte im Bereich Smart Home begannen mit Innovationen wie zum Beispiel der intelligenten Glüh-

---

[91] Vgl. *Coppola, R./Morisio, M.*, Verbundene Autos, 2016, S. 46:25-46-26.
[92] Vgl. *Coppola, R./Morisio, M.*, Verbundene Autos, 2016, S. 46:4.
[93] Vgl. *Li, S./Da Xu, L./Zhao, S.*, Survey II, 2015, S. 255.
[94] Vgl. *Borgia, E.*, IoT Vision, 2014, S. 21.
[95] Vgl. *Cena, F.* u.a., Smarte Objekte, 2017, S. 3.
[96] Vgl. *Cena, F.* u.a., Smarte Objekte, 2017, S. 7, und *Mone, G.*, Intelligentes Wohnen, 2014, S. 15.

birne und setzten sich fort bis hin zu einem intelligenten Zuhause. Das „CityHome"-Projekt gilt als Lösung des Wohnraumproblems in städtischen Umgebungen, worin Intelligenz in Wände und Möbel integriert wird. Außerdem sollen diese mit Haus- und Servicerobotern interagieren und damit das Haus der Zukunft darstellen.[97]

Solche smarten Lösungen haben sowohl wirtschaftliche als auch ökologische Vorteile. Das Smart Home in Verbindung mit Smart Buildings hat neben dem steigendem Komfort den Vorteil, dass es den Energiebedarf reduzieren kann.[98] Daher konzentrieren sich viele Lösungen auf die Förderung eines rationaleren Stromverbrauchs, der in Europa 29 Prozent des weltweiten Energieverbrauchs ausmacht.[99] Ein Beispiel dafür ist der intelligente Thermostat, der selbstständig die Temperatur reguliert, indem autonom das Verhalten und die Präferenzen der Menschen analysiert werden.[100] Dies führt zu einer effizienteren Regulierung der Raumtemperaturen, wodurch bis zu 20 Prozent Energieeinsparung möglich sind.[101]

Unter dem Begriff Smart Buildings versteht man automatisierte Gebäude, um Kosten zu sparen, die Sicherheit und den Komfort zu erhöhen und gleichzeitig ökologisch zu arbeiten. Die automatisierten Bauteile sind in Form von Aufzügen, Rauchmeldern oder elektrischen Fensterläden seit Jahren in Gebäuden integriert. Mit dem Internet of Things werden diese Bauteile mit dem Internet verbunden, wodurch neue Dienste entstehen. Neben der ferngesteuerten Heizung und Videoüberwachung bietet das ambulant unterstützte Wohnen neue Möglichkeiten bei der Betreuung älterer Menschen. Darunter fallen unter anderem die mit Sensoren ausgestatteten Fußböden, die erkennen, wenn Menschen gestürzt sind, und automatisiert den Notfallkontakt benachrichtigen. Neben diesen Vorteilen schaffen diese Internet-of-Things-Dienstleistungen aufgrund der zunehmenden Alterungsgesellschaft in Deutschland oder Japan Abhängigkeiten und bringen Gefahren mit

---

[97] Vgl. *Mone, G.,* Intelligentes Wohnen, 2014, S. 16.
[98] Vgl. *Vermesan, O./Friess, P.,* IoT, 2013, S. 52.
[99] Vgl. *Borgia, E.,* IoT Vision, 2014, S. 21.
[100] Vgl. *Perera, C.* u.a., Industrie, 2014, S. 1677.
[101] Vgl. *Perera, C.* u.a., Industrie, 2014, S. 1672.

sich. Die ständige Überwachung von älteren Menschen ist in Bezug auf die Einhaltung der Privatsphäre und den Aspekt der Sicherheit kritisch zu betrachten.[102]

Diese Art der Produktinnovation entsteht durch die operative Dimension der Digitalisierung, welche Produkte neu definiert, Geschäftsmodelle ändert oder neue Geschäftslogiken generiert. Die zahlreichen heterogenen Wissensressourcen und Werkzeuge machen Innovationen möglich und können einen positiven Beitrag für einen Innovationsnetzwerk leisten. Gleichzeitig liegt die Herausforderung für die Entwicklung einer effektiven Infrastruktur für digitale Innovationen in den signifikanten Unterschieden der Technologien oder Geschäftsmodelle der Anbieter. Diese Unterschiede können zu einer Vereitelung der Chance für Innovationen führen. Trotzdem lässt sich sagen, dass die Innovationsforschung einen langen Weg zur Entwicklung eines stärkeren Verständnisses für den Einfluss digitaler Technologien auf Produktinnovationen hat.[103] Die zahlreichen Formen des Internet of Things sind zu einem wesentlichen Bestandteil des Alltags geworden, weshalb fortwährende Forschungsanstrengungen erforderlich sind.[104]

Laut einer Prognose von Statista wird die Weltbevölkerung im Jahre 2050 auf 9,73 Milliarden Menschen und im Jahre 2100 sogar bis auf 11,21 Milliarden Menschen steigen.[105] Die Hälfte der Menschheit lebt heute in Städten, weshalb diese ein exponentielles Wachstum erleben. Infolgedessen werden die Dienste und Infrastrukturen der Städte an ihre Grenzen gesetzt. Die demographischen, wirtschaftlichen, sozialen und ökologischen Bedingungen der Städte sind die Hauptgründe für den Anstieg der Verschmutzung, der Staus, des Lärms, der Kriminalität, der Energieerzeugung und des Klimawandels. Um diesem Problem gewachsen zu sein, müssen Lösungen gefunden werden, um unter anderem die Energieeffizienz zu verbessern und CO2-Emissionswerte zu minimieren.[106]

---

[102] Vgl. *Wendzel, S.,* Smart Buildings, 2016, S. 47-48.
[103] Vgl. *Lyytinen, K./Yoo, Y. /Boland Jr, R. J.,* Produktinnovation, 2016, S. 53-56.
[104] Vgl. *Lyytinen, K./Yoo, Y. /Boland Jr, R. J.,* Produktinnovation, 2016, S. 72.
[105] Vgl. *Statista GmbH,* Statista, 2017, https://de.statista.com/statistik/daten/studie/1717/umfrage/ prognose-zur-entwicklung-der-weltbevoelkerung/, 18.07.2017.
[106] Vgl. *Khatoun, R./Zeadally, S.,* Smart Cities, 2016, S. 46.

Die Bezeichnung Smart City ist nicht einheitlich definiert und international teilweise differenziert festgelegt.[107] Das gemeinsame Verständnis des Begriffs Smart City ist ein hochmodernes Stadtgebiet, welches die Bedürfnisse von Unternehmen, Institutionen und vor allem Bürgern anspricht.[108] Das Ziel ist es, das Internet of Things so zu nutzen, um das Leben der Bürger durch die Optimierung der Verkehrssteuerung zu verbessern, die Verfügbarkeit von Parkplätzen zu überwachen, die Luftqualität zu bewerten und sogar Benachrichtigungen zu liefern, wenn zum Beispiel die Müllcontainer voll sind.[109] Durch die Nutzung fortschrittlicher Energieversorgungssysteme und auf Informations- und Kommunikationstechnologie basierte Lösungen zielt eine intelligente Stadt darauf ab, die Lebensqualität in den Städten zu steigern und territoriale, ökonomische und ökologische Ressourcen zu optimieren. Aufgrund der Vielzahl an Aspekten, die zu berücksichtigen sind, gilt das Smart-City-Modell als äußerst komplex. Es wird auch oft als „Systeme von Systemen" bezeichnet, weil Smart City die Personen, Infrastruktur und Prozesskomponenten miteinschließt, wie in Abbildung 3 dargestellt wird. Infolgedessen setzt die erfolgreiche Implementierung eines Smart-City-Modells Experten aus mehreren verschiedenen Bereichen voraus.[110]

---

[107] Vgl. *Khatoun, R./Zeadally, S.,* Smart Cities, 2016, S. 48.
[108] Vgl. *Khatoun, R./Zeadally, S.,* Smart Cities, 2016, S. 46.
[109] Vgl. *Whitmore, A./Agarwal, A./Da Xu, L.,* Survey III, 2015, S. 265.
[110] Vgl. *Khatoun, R./Zeadally, S.,* Smart Cities, 2016, S. 48.

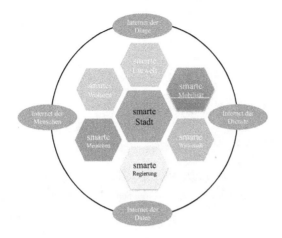

Quelle: In Anlehnung an *Kharoun, R./Zeadally, S.*, Smart Cities, S. 48.

Abbildung 3: Ein Smart-City-Modell

Die Komplexität der Implementierung eines Smart-City-Modells stellt nur eine der vielen Herausforderungen dar. Allein die Europäische Union hat bis zum Jahre 2016 mehr als eine Billion US-Dollar in den Markt der smarten Innovationen investiert.[111] Aufgrund der vielversprechenden Vorteile prognostiziert man, dass die Investitionen in Smart-City-Technologien stetig steigen werden, wie in Abbildung 4 zu sehen ist.[112]

---

[111] Vgl. *Khatoun, R./Zeadally, S.*, Smart Cities, 2016, S. 53-54.

[112] Vgl. *Woods, E./Goldstein, N.*, Navigant Research, 2014, S. 3.

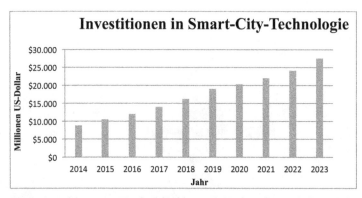

Quelle: In Anlehnung an *Woods, E./Goldstein, N.*, Navigant Research, 2014, S. 3.

Abbildung 4: Prognose der jährlichen Investitionen in Smart-City-Technologie

Jedoch werden auch diese hohen Investitionen nicht ausreichen, um intelligente Städte auf der ganzen Welt zu etablieren. Die Risiken durch die Unsicherheit über die Energiepreispolitik, die großen Investitionen und die lange Zeitspanne, bevor Gewinne erzielt werden können, schrecken ab. Offene Fragen, wie die Einhaltung der Privatsphäre und die Anfälligkeit für Cyberattacken sind bis heute nicht eindeutig geklärt. Auch die grundlegende Prämisse für das Konzept Smart City, dass die Bürger einer intelligenten Stadt ihr Wissen und ihre Erfahrungen teilen wollen, muss gegeben sein. Nur die angemessene Aufrechterhaltung der Akzeptanz von Seiten der Einwohner kann zu dem gewünschten Mehrwert führen. Die Unsicherheiten über die Herausforderungen müssen frühzeitig angesprochen werden, um geeignete Lösungen zu finden.[113] Daher schlagen *R. Khatoun/S. Zeadally* vor, dass sich Entwickler, Architekten und Designer auf die Aspekte des Internet of Things Managements, der Smart-City-Beurteilung, der Sicherheit und der erneuerbaren Technologien, wie zum Beispiel der Solarenergie, konzentrieren sollten.[114] Die Akzeptanz einer smarten Infrastruktur kann durch ein soziales Internet of Things gefördert werden, indem den Objekten unter anderem ethische Werte implementiert werden.

---

[113] Vgl. *Khatoun, R./Zeadally, S.,* Smart Cities, 2016, S. 53-55.
[114] Vgl. *Khatoun, R./Zeadally, S.,* Smart Cities, 2016, S. 57.

3.2.3 Das soziale Internet of Things und die Frage nach der Ethik

Der soziale Aspekt im Internet of Things nimmt immer weiter zu. Die Menschen sind von intelligenten physischen Objekten umgeben, mit denen sie kommunizieren und interagieren, um gemeinsame Ziele zu erreichen. Dadurch entstand die Idee, das Internet of Things mit den sozialen Netzwerken zu verbinden, um den Menschen weitere Vorteile und Erleichterungen im Alltag zu ermöglichen. Das sogenannte soziale Internet of Things kann individuell angepasst werden, sodass Objekte und Dienste nach persönlichen Wünschen entdeckt werden können. Durch die Nutzung von Internet-of-Things-Diensten entwickeln die Menschen eine persönliche Beziehung zu den Objekten, wodurch ein gewisses Maß an Vertrauenswürdigkeit entsteht.[115]

Die Allgegenwärtigkeit von sozialen Medien hat zu umfangreichen Anwendungen geführt, wobei immer mehr Unternehmen soziale Medien in ihre Organisationen integrieren, um Kommunikation und Zusammenarbeit zu unterstützen. *X. Cao* u.a. haben in ihrer Studie aus dem Jahr 2013 untersucht, ob soziale Medien die Wissensintegration aus sozialer Perspektive fördern.[116] Die Studie hat gezeigt, dass die Mitarbeiter in Unternehmen mit Hilfe des Einsatzes von sozialen Medien eine gemeinsame Sprache und Vertrauen bilden. Außerdem offenbarte das Ergebnis, dass soziale Medien zwar keinen direkten Einfluss auf die Vermittlung eines gemeinsamen Wissensstands der Mitarbeiter haben, aber durchaus positive Einflüsse bestehen.[117] Laut den Autoren können diese Erkenntnisse auch auf das soziale Internet of Things angewendet werden. Dabei können zum Beispiel mobile Geräte mit einer gemeinsamen Sprache soziale Netzwerke bilden und eine Vertrauensbasis schaffen. Außerdem können bestehende soziale Netzwerke und Wissensmanagementsysteme dazu genutzt werden, um das soziale Internet of Things weiterzuentwickeln, anstatt neue komplexe Architekturen aufzubauen.[118] Nicht nur auf Unternehmensebene, sondern auch auf Branchenebene hat die Kombination von sozialen Medien mit dem Internet of Things Einfluss. Mit der Adaption von Informations- und Kommunikationstechnologien seitens der Tourismusbranche

---

[115] Vgl. *Atzori, L.* u.a., soziales Internet of Things, 2012, S. 3595.
[116] Vgl. *Cao, X.* u.a., Soziale Medien, 2015, S. 351.
[117] Vgl. *Cao, X.* u.a., Soziale Medien, 2015, S. 358.
[118] Vgl. *Cao, X.* u.a., Soziale Medien, 2015, S. 360.

entwickelte sich der smarte Tourismus. Soziale Netzwerke tragen zu der Entwicklung dieser innovativen Branche bei, indem sie die Realisierung des mobilen Tourismus ermöglichen. Reisende können Informationen und Angebote auf ihren mobilen Geräten abrufen[119] und Unternehmen können über Kommunikationsplattformen über ihre eingesetzten Ressourcen diskutieren.[120]

Auch *T. Ludwig/A. Boden/V. Pipek* untersuchten im Jahre 2016 in ihrer Studie die Implementierung von sozialen Aspekten in Internet-of-Things-Technologien. Diese haben sie beispielhaft anhand eines 3D-Druckers getestet und analysiert. Im Zuge dessen konzipierten die Autoren die Idee der geselligen Technologien, welche hardwareintegrierte Lösungen für die Kommunikation und Dokumentation von Nutzungspraktiken mit hochdigitalisierten Produktmaschinen bieten soll, um Internet-of-Things-Technologien sozialer und vor allem nutzbarer zu machen.[121] Mit ihrer Arbeit möchten *T. Ludwig/A. Boden/V. Pipek* auf die Dringlichkeit einer geselligen Technologie in Internet-of-Things-Produkten aufmerksam machen. Ihrer Meinung nach ist der Fokus zu sehr auf die technologischen Aspekte beschränkt, sodass es den Endnutzer vor zu viele Probleme stellt.[122]

F. Berman/V. G. Cerf sind der Meinung, dass das Internet of Things nicht nur die Technik, sondern auch die Gesellschaft vorantreiben sollte.[123] Technologien besitzen keine Ethik und kennen zunächst das soziale Verhalten nicht. Es sollte deshalb möglichst schnell ein effektives Modell für eine Verwaltungsform des Internet of Things entwickelt werden, da es ansonsten unangemessenes und unsicheres Verhalten mit sich bringen und somit zu unbeabsichtigten Konsequenzen führen kann. Auch wenn *F. Berman/V. G. Cerf* der Ansicht sind, dass keine übermäßigen Restriktionen für das Internet of Things eingeführt werden sollten, warnen sie vor der Dringlichkeit einer Internet-of-Things-Verwaltungsform. Dabei muss ein Rechtsrahmen bestehen, worin das angemessene Verhalten, die Verantwortlichkeiten und die verantwortlichen Parteien von autonomen Geräten festgelegt werden müssen. Des Weiteren muss der Fokus auf die Menschenrechte und ethisches

---

[119] Vgl. *Gretzel, U.* u.a., Smarter Tourismus, 2015, S. 180.
[120] Vgl. *Gretzel, U.* u.a., Smarter Tourismus, 2015, S. 183.
[121] Vgl. *Ludwig, T./Boden, A./Pipek, V.*, 3D-Druckers, 2017, S. 39:1-39:3.
[122] Vgl. *Ludwig, T./Boden, A./Pipek, V.*, 3D-Druckers, 2017, S. 39:27.
[123] Vgl. *Berman, F./Cerf, V. G.*, soziale und ethische Verhaltensweisen, 2017, S. 7.

Verhalten im Internet of Things gelegt werden. Schließlich soll das Internet of Things einen Beitrag zur Weiterentwicklung der Gesellschaft leisten und das menschliche Wohlergehen fördern.[124]

Neben dem sozialen Aspekt wirft das Internet of Things auch neue ethische Fragen auf. Mit der Programmierung von intelligenten Algorithmen sind die Objekte und Systeme in der Lage, autonom Operationen durchzuführen. Den Vorteilen und Erleichterungen, die damit verbunden sind, stehen einige Gefahren gegenüber, welche darin bestehen, dass die intelligenten Objekte durchaus in der Lage sind, den Menschen auch direkt Schaden zuzufügen. Daher muss die Entscheidung getroffen werden, bis zu welchem Grad ein Objekt oder System autonom sein darf. Zum Beispiel müsste festgelegt werden, ob Drohnen eine einseitige Tötungsentscheidung treffen dürfen oder[125] welche Entscheidung ein autonomes Fahrzeug fällen soll, wenn es sich in der Situation befindet, ob es sich und seinen Passagier oder einen Fußgänger retten soll[126]. Diverse Umfragen haben die Erwartungshaltung der Menschen untersucht und herausgefunden, dass die autonomen Fahrzeuge das erwartete Risiko, den erwarteten Wert und die Schuldzuweisungen vollumfänglich einprogrammiert bekommen sollten. Trotzdem müssen noch weitere, weitreichendere Studien durchgeführt und Diskussionen angestoßen werden, um weitere Fragen zu klären, wie zum Beispiel die Haftung im Schadensfall oder ob das autonome Fahrzeug das Alter seiner Passagiere und die der Fußgänger in einer bedrohlichen Situation mitberücksichtigen soll.[127]

---

[124] Vgl. *Berman, F./Cerf, V. G.*, soziale und ethische Verhaltensweisen, 2017, S. 6-7.
[125] Vgl. *Ransbotham, S.* u.a., Industrielles IoT, 2016, S. 843.
[126] Vgl. *Bonnefon, J. F./Shariff, A./Rahwan, I.*, soziales Dilemma, 2016, S. 1573.
[127] Vgl. *Bonnefon, J. F./Shariff, A./Rahwan, I.*, soziales Dilemma, 2016, S. 1576.

3.2.4 Transport und Logistik

Transport- und Logistikunternehmen können viele der Internet-of-Things-Dienste nutzen, um ihre Wertschöpfungskette zu optimieren.[128] Der Einsatz von Sensoren und Aktoren bietet bereits in der industriellen Produktion Rationalisierungen in den Arbeitsschritten. Die Echtzeit-Informationsverarbeitungstechnologie auf Basis der RFID-Technologie bietet die Möglichkeit einer Echtzeitüberwachung von nahezu allen Stationen der Wertschöpfungskette. Somit können Unternehmen auf komplizierte und veränderbare Märkte schneller und effektiver reagieren. Im Onlinegeschäft bietet sich außerdem die Möglichkeit für die Kunden die Informationen über die Produkte direkt auf der Webseite anzeigen zu lassen.[129]

Die RFID- und WSN-Technologien werden als Schlüsseltechnologien vor allem in der Lebensmittellogistik angesehen.[130] Mit Hilfe der Ausstattung eines RFID-Transponders an den Objekten kann dieser, neben vielen anderen Informationen, die für die Logistik und den Transport wichtigen Standortinformationen übermitteln. Der zukünftige Trend führt deshalb zur Erweiterung der Funktionalitäten, zur Optimierung der Wertschöpfungsketten und zu weiteren Kosteneinsparungen.[131] Laut *W. Han* u.a. ist jedoch die Vertrauenswürdigkeit der im Informationssystem gespeicherten Daten der RFID-Technologie nicht gewährleistet. Zum einen werden in der RFID-Technologie einfache Ziffern und Authentifizierungsprotokolle benutzt, weil komplexe Berechnungen nicht möglich sind. Damit ist die Sicherheit nicht gewährleistet und Dritte können sich unautorisierten Zugang zu den RFID-Transpondern verschaffen und Daten manipulieren. Zudem weist die physische Verbindung zwischen einem RFID-Transponder und dem Objekt eine hohe Anfälligkeit für Manipulationen auf. Ein RFID-Transponder kann auch hier unautorisiert auf ein anderes Objekt übertragen werden, wodurch falsche Informationen übermittelt werden können.[132] Im Zuge dessen haben *W. Han* u.a. ein elektronisches Stammbaumsystem für die Lebensmittelsicherheit entwickelt, welches in

---

[128] Vgl. *Papert, M./Pflaum, A.,* Ökosystem-Modell, 2017, S. 176.

[129] Vgl. *Atzori, L./Iera, A./Morabito, G.,* Survey I, 2010, S. 2794-2795.

[130] Vgl. *Wang, P./Chaudhry, S./Li, L.,* Forschungsstand des IoT, 2015, S. 240, und *Papert, M./Pflaum, A.,* Ökosystem-Modell, 2017, S. 175, und *Zou, Z.* u.a., Logistik, 2014, S. 14.

[131] Vgl. *Papert, M./Pflaum, A.,* Ökosystem-Modell, 2017, S. 175, und *Zou, Z.* u.a., Logistik, 2014, S. 14, und *Capello, F./Toja, M./Trapani, N.,* Echtzeit-Überwachungsservice, 2016, S. 13.

[132] Vgl. *Han, W.* u.a., Stammbaum System, 2015, S. 284.

Abbildung 5 dargestellt ist. Das System verwendet digitale Signaturen, um die Vertrauenswürdigkeit zu gewährleisten, mittels einer Master-Slave-Architektur.[133] Zunächst werden Teilsysteme gebildet, die in die Geschäftssysteme des Unternehmens integriert sind. Diese Teilsysteme sind hauptsächlich verantwortlich für das Erstellen, Verifizieren, Importieren, Exportieren und Hochladen des elektronischen Stammbaums des Produktes.[134]

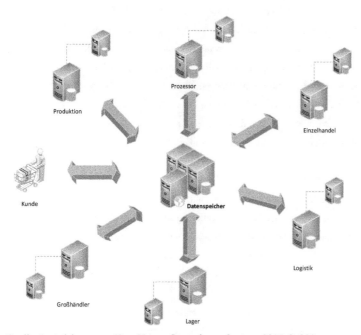

Quelle: In Anlehnung an *Han, W.* u.a., Stammbaum System, 2015, S. 280.
Abbildung 5: Architektur eines elektronischen Stammbaum Systems

Das elektronische Stammbaumsystem wurde bereits in der industriellen Produktion eingesetzt, wodurch die globale und genaue Wertschöpfung für die Prozesse der Lagerung und des Materialtransports ersichtlich wurde. *W. Han* u.a. haben dieses System weiterentwickelt und sich außerdem dabei auf die Lebensmittellogistik bezogen.[135]

---

[133] Vgl. *Han, W.* u.a., Stammbaum System, 2015, S. 285.
[134] Vgl. *Han, W.* u.a., Stammbaum System, 2015, S. 279.
[135] Vgl. *Han, W.* u.a., Stammbaum System, 2015, S. 276.

Eine weitere Alternative, welche in der Topliteratur mehrfach erwähnt wurde, ist der Echtzeit-Logistiküberwachungsservice von *F. Capello/M. Toja/N. Trapani*. Ihr „See your box"-Service bietet mittels Cloud-Lösungen eine Möglichkeit, alle in den Servern der Unternehmen gesammelten Informationen in einem System zu integrieren.[136] Dieser Dienst gewährleistet die absolute Kontrolle über die gesamte Wertschöpfungskette. Die Unternehmen können somit unter anderem ihr Produktionsoutput optimieren, den Überschuss reduzieren und damit einhergehend auch Kosten einsparen.[137] *F. Capello/M. Toja/N. Trapani* argumentieren, dass für die bisherigen Lösungen der Echtzeitanalysen, wie RFID, Bluetooth oder das NFC, die komplette Infrastruktur des Unternehmens angepasst werden muss. Das bedeutet, dass die Unternehmen hohe Anfangsinvestitionen tätigen müssen, um solch einen Dienst nutzen zu können, und dies kann ein großes Hindernis vor allem für kleine und mittelständische Unternehmen darstellen.[138]

Internet-of-Things-Dienstleistungen helfen den Logistikunternehmen dabei, Informationen und Materialflüsse zu integrieren, um damit die gesamte Wertschöpfungskette zu optimieren. Dennoch ist die Implementierung solcher Dienstleistungen äußerst komplex und mit hohen Kosten verbunden. Neben dem Erwerb der Internet-of-Things-Technologie muss außerdem die Integration mit den bereits vorhandenen Systemen gewährleistet werden können. Aus diesem Grund ist das Wissen einer angemessenen Realisierung einer Internet-of-Things-Dienstleistung ausschlaggebend. Weiterhin ist für eine erfolgreiche Implementierung von Internet-of-Things-Systemen der Aufbau eines eigenen Ökosystems der Logistikunternehmen notwendig. Unter einem Unternehmens-Ökosystem versteht man eine Gemeinschaft von Organismen aus dem gesamten Geschäftsumfeld, wobei alle Beziehungen berücksichtigt werden. Das Umfeld umfasst zum Beispiel Lieferanten, Stakeholder, Kunden, Gewerkschaften, Verbände und Wettbewerber. Um diese Herausforderungen meistern zu können, haben M. *Papert/A. Pflaum* ein Modell entwickelt, das Logistikunternehmen dabei helfen soll die Umsetzung von Internet-of-Things-Dienstleistungen zu verstehen, die richtigen Geschäftspartner

---

[136] Vgl. *Capello, F./Toja, M./Trapani, N.*, Echtzeit-Überwachungsservice, 2016, S. 14.
[137] Vgl. *Capello, F./Toja, M./Trapani, N.*, Echtzeit-Überwachungsservice, 2016, S. 17.
[138] Vgl. *Capello, F./Toja, M./Trapani, N.*, Echtzeit-Überwachungsservice, 2016, S. 1-2.

zu finden und ihr eigenes Ökosystem aufzubauen.[139] Die grundlegende Erkenntnis aus ihrer Studie besteht darin, dass ein Lösungsintegrator die zentrale Rolle im Ökosystem eines Logistikunternehmens spielen sollte, um Internet-of-Things-Dienstleistungen integrieren zu können. Die Aufgabe eines Lösungsintegrators ist der Bau einer kompletten und funktionsfähigen Internet-of-Things-Plattform.[140] Die Frage, inwieweit der Bau eines eigenen Ökosystems einen Einfluss des Internet of Things auf bestehende Geschäftsmodelle darstellt, beantwortet das folgende Kapitel.

3.3   Geschäftsmodelle

Nachdem nun die Anwendungsgebiete des Internet of Things ausführlich beschrieben wurden, wird im folgenden Kapitel der Einfluss auf die Geschäftsmodelle näher erläutert. Hierzu wird der aktuelle Stand der Forschung vorgestellt und die Frage beantwortet, inwiefern Geschäftsmodelle vom Internet of Things beeinflusst werden. Dazu werden Studien, Modelle und Meinungen aus den zehn relevanten Quellen zusammenfassend dargestellt.

„Grundsätzlich werden Geschäftsmodelle .. häufig als konzeptionelle Abbildung verschiedener Komponenten verstanden, welche beschreiben, wie ein Unternehmen am Markt Wert schafft."[141]

Die strategische Absicht des Internet of Things ist zu verstehen, wie man mit verbundenen Maschinen, Datenanalyse und neuen Geschäftsmodellen einen Wert generiert.[142] Der Einfluss des Internet of Things auf die Struktur der Geschäftsmodelle in den verschiedenen Branchen wird gleichgesetzt mit den Veränderungen der 1990er Jahre, als das kommerzielle Internet zahlreiche Innovationen mit sich brachte.[143] Ein Beispiel der Innovationen von damals sind die Online-Reisebüros, die den Markt nachhaltig veränderten. In den USA hat sich heute die Anzahl der klassischen Reisebüros halbiert und die Beschäftigung ist noch stärker

---

[139] Vgl. *Papert, M./Pflaum, A.,* Ökosystem-Modell, 2017, S. 175-176.
[140] Vgl. *Papert, M./Pflaum, A.,* Ökosystem-Modell, 2017, S. 182-184.
[141] *Fleisch, E./Weinberger, M./Wortmann, F.,* Geschäftsmodelle, 2015, S. 450.
[142] Vgl. *Ransbotham, S.* u.a., Industrielles IoT, 2016, S. 842.
[143] Vgl. *Ives, B./Palese, B./Rodriguez, J. A.,* CSLC-Modell, 2016, S. 291, und *Fleisch, E./Weinberger, M./Wortmann, F.,* Geschäftsmodelle, 2015, S. 455.

gesunken.[144] Durch die Entstehung des smarten Tourismus müssen auch heute die Unternehmen ihr Geschäftsmodell neu definieren. Um sich in der Branche des smarten Tourismus zu etablieren, müssen die Unternehmen bestimmte Gestaltungselemente bestimmen. Das neu definierte Geschäftsmodell sollte die Wertschöpfung des Kunden, die Ertragslogik und das Wertenetz des Unternehmens, ihre Ressourcen, Fähigkeiten und getroffenen strategischen Entscheidungen wiedergeben können.[145] Ein weiteres aktuelles Beispiel ist das weltweit größte private Taxiunternehmen Uber. Neu gegründete Unternehmen, sogenannte Start-ups, die ähnliche Dienste anbieten, haben bereits Marktanteile von Uber abgegriffen und könnten die Internet-of-Things-Technologien dafür nutzen, den Markt nachhaltig zu ändern. Aus diesem Grund muss Uber sein aktuelles fahrerzentriertes Geschäftsmodell, durch die Entstehung der selbstfahrenden Autos, überdenken, um den Markt weiterhin beherrschen zu können.[146]

Einen erheblichen Anteil an diesen Veränderungen von Geschäftsmodellen haben jene Start-up-Unternehmen. *B. Ives/B. Palese/J. A. Rodriguez* sind jedoch der Meinung, dass Unternehmen, die schon länger auf dem Markt agieren, erheblich mehr Vorteile als Start-up-Unternehmen besitzen und daher aus den Internet-of-Things-Technologien einen größeren Nutzen ziehen könnten. Die Vorteile gegenüber Start-up-Unternehmen bestehen darin, dass sie aufgrund der langjährigen Erfahrung die besseren Fähigkeiten und ein höheres Know-how besitzen. Diese sollten genutzt werden, um die neuen Daten und Informationen aus dem Internet of Things mit den vorhandenen zu kombinieren. Als Ergebnis würden die Unternehmen ein höheres Kundenvertrauen genießen und die Markenloyalität bei ihnen steigern. Durch die neu gewonnenen Erkenntnisse aus den Datenströmen ihrer Kunden sind sie in der Lage ein breiteres und auf ihre Bedürfnisse zugeschnittenes Serviceangebot zu offerieren. Zu diesem Resultat kommen *B. Ives/B. Palese/J. A. Rodriguez* im Rahmen der Entwicklung ihres CSLC-Modells (Customer Service Life Cycle), welches einen Ansatz für die Integration des Internet of Things in bestehende und Start-up-Unternehmen beschreibt.[147]

---

[144] Vgl. *Ives, B./Palese, B./Rodriguez, J. A.*, CSLC-Modell, 2016, S. 280.
[145] Vgl. *Gretzel, U.* u.a., Smarter Tourismus, 2015, S. 183.
[146] Vgl. *Ives, B./Palese, B./Rodriguez, J. A.*, CSLC-Modell, 2016, S. 280.
[147] Vgl. *Ives, B./Palese, B./Rodriguez, J. A.*, CSLC-Modell, 2016, S. 295.

Das CSLC-Modell nennt Möglichkeiten, die sich für Unternehmen durch den Einsatz von Internet-of-Things-Technologien ergeben, um ihre Produkte, Dienstleistungen und Serviceangebote zu verbessern. Unterteilt ist dieses Modell in vier Hauptphasen, die wiederum einzelne Stufen beinhalten, wie in Abbildung 6 dargestellt.[148]

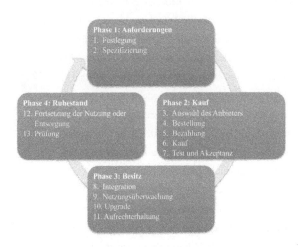

Quelle: In Anlehnung an *Ives, B./Palese, B./Rodriguez, J. A.*, CSLC-Modell, 2016, S. 284.

Abbildung 6: Phasen des Customer-Service-Life-Cycle-Modell

In der ersten Phase des Modells werden die Anforderungen der Kunden analysiert. Hier wird die Notwendigkeit für ein Produkt oder eine Dienstleistung vom Kunden oder auch vom Unternehmen bestimmt. Im Anschluss daran werden die Bedürfnisse näher spezifiziert, wobei Internet-of-Things-Dienste und -Geräte helfen können. Sie schaffen flexiblere Anpassungsmöglichkeiten an physische Produkte[149] bis hin zu personalisierten Produkten[150]. In der zweiten Phase folgt der Kauf, worin die Kunden entscheiden, von wem sie kaufen, wie sie bestellen und in wel-

---

[148] Vgl. *Ives, B./Palese, B./Rodriguez, J. A.*, CSLC-Modell, 2016, S. 283.
[149] Vgl. *Ives, B./Palese, B./Rodriguez, J. A.*, CSLC-Modell, 2016, S. 283-284.
[150] Vgl. *Kaufmann, T.*, Geschäftsmodelle im Internet der Dinge, 2015, S. 18 ff..

cher Form sie bezahlen. Internet-of-Things-Lösungen ermöglichen völlig neue Prozesse durch neue Kommunikations- und Bezahlmöglichkeiten. Nach dem Kauf können außerdem Internet-of-Things-Lösungen genutzt werden, um den Zugang zum Produkt oder Service zu erleichtern, welches bei den Kunden zu positiven Erfahrungen führt. Des Weiteren möchten die Kunden wissen, ob auch wirklich ihre Spezifikationen vorhanden sind. Hierbei können die Sensornetzwerke des Internet of Things helfen, bestimmte Parameter zu messen, um die versprochene Qualität einzuhalten. Die dritte Phase beschreibt die Anforderungen und Nutzung der Produkte oder Dienstleistungen, nachdem sich diese in ihrem Besitz befinden. Sie müssen in den vorhandenen Ressourcenbestand der Kunden möglichst unkompliziert integriert werden. Um dies sicherzustellen, können die Echtzeit-Analysen mittels Sensoren dabei helfen die physischen Produkte zum Beispiel zu überwachen. In dieser Phase besteht außerdem das Problem, dass das erworbene Produkt oder die Dienstleistung obsolet wird. Die Konnektivität und Selbstüberwachung der Objekte steigern hier die Wertschöpfung, indem Internet-of-Things-Anwendungen automatisierte Wartungs- und Reparaturdienstleistungen durchführen können. In der letzten Phase des CSLC-Modells stehen die Kunden vor der Entscheidung, ob sie das Produkt oder die Dienstleistung weiterhin nutzen möchten. Auch hier bieten sich dieselben Möglichkeiten, wie in Phase eins des Modells, worin Anforderungen analysiert und Bedürfnisse spezifiziert werden. Auf der letzten Stufe analysieren die Kunden die Kosten und Aufwendungen für die Nutzung der Produkte oder Dienstleistungen. Echtzeit-Verbrauchsanalysen und -Prognosen der zukünftigen Ausgaben, die während des gesamten Zyklus verfügbar sind, helfen dabei die Leistungen zu verbessern oder die Kosten zu senken.[151]

Die Anforderung für eine erfolgreiche Implementierung des Internet of Things in Unternehmen ist die Findung des Gleichgewichts zwischen Innovation und Kontrolle. Dieses fällt ihnen nicht einfach, da die Erfahrungswerte mit den neuen Technologien fehlen. Das oben aufgeführte CSLC-Modell soll ihnen dabei die Möglichkeiten aufzeigen und den Unternehmen außerdem fünf Lektionen mit auf den Weg geben, um einen Nutzen aus dem Internet of Things ziehen zu kön-

---

[151] Vgl. *Ives, B./Palese, B./Rodriguez, J. A.*, CSLC-Modell, 2016, S. 284-288.

nen.[152] Die erste Lektion ist die Erstellung einer Kundenbeziehung in Echtzeit. Vor dem Internet of Things waren die Beziehungen mit den Kunden schon nach erfolgreicher Bezahlung beendet. Nun können Unternehmen mittels der Sensoren und der Konnektivität der Objekte die Datenströme nutzen, um einen höheren Kundenwert zu schaffen. Tesla führt dies mit seinem Geschäftsmodell beispielhaft aus. Mit den an seinen Fahrzeugen implementierten Sensoren steht das Unternehmen in ständigem Kontakt mit dem Kunden. Damit einher geht die zweite Lektion, welche besagt, dass die Datenströme dafür genutzt werden sollten das Angebot und den Service permanent zu optimieren oder auch in andere Anwendungen einzusetzen. Die Spracherkennungssoftware „Alexa Voice Services" entwickelte sich damit zu einer Plattform, indem mit Hilfe der erhaltenen Datenströme permanent die Algorithmen der Sprachsteuerung angepasst werden können. Der Verkauf der zahlreichen Daten an Drittanbieter lässt ihre ähnlichen Dienste gleichermaßen optimieren und eine höhere Wertschöpfung erzielen. Die dritte Lektion des CSLC-Modells fordert die bisher auf dem Markt etablierten Unternehmen dazu auf einen Nutzen aus ihren bestehenden Wettbewerbspositionen und Kompetenzen zu ziehen. Ungeachtet dessen, dass Start-up-Unternehmen die Möglichkeit haben, trotz fehlender Erfahrung und Infrastruktur kostengünstige Internet-of-Things-Produkte und -Dienstleistungen herzustellen, haben die etablierten Unternehmen dieselben Chancen oder sind sogar Neueinsteigern gegenüber einen Schritt voraus. Die vierte Lektion, mit der Schaffung einer problemlosen Interoperabilität der Cross-Device-Interaktionen, wurde in Kapitel 3.1.2 bereits erörtert. Sie fordern dazu auf eine einheitliche Technologie zu entwickeln, damit das Potenzial des Internet of Things nicht weiter eingeschränkt wird. Die fünfte und letzte Lektion beschäftigt sich mit der Vorsicht vor Zuverlässigkeit, Sicherheit und Privatsphäre. Diese Aspekte werden in Kapitel 3.5 noch ausführlich behandelt. Das CSLC-Modell sagt somit aus, dass das Internet of Things große Chancen für Unternehmen bietet, die Wertschöpfung zu beschleunigen und den Kundenservice zu verbessern. Diese Chance zu ergreifen und das Potenzial auszunutzen ist aufgrund der vielen Innovationen nicht einfach, weshalb das CSLC-Modell helfen soll, das kreative Denken anzuregen.[153]

---

[152] Vgl. *Ives, B./Palese, B./Rodriguez, J. A.*, CSLC-Modell, 2016, S. 290.
[153] Vgl. *Ives, B./Palese, B./Rodriguez, J. A.*, CSLC-Modell, 2016, S. 291-294.

Eine Möglichkeit zur Steigerung des Unternehmenswertes ist der Einsatz der sogenannten tragbaren Technologien. Diese beziehen sich auf die technologische Verbesserung von Produkten, die auf fast jedem menschlichen Körperteil getragen werden können, wie zum Beispiel Brillen, Uhren oder Schuhe. Diese werden im Internet of Things mit Computerchips ausgestattet und ermöglichen damit Rechen- und Kommunikationsleistungen. Die Ausstattung der Mitarbeiter in Unternehmen mit der tragbaren Technologie kann dazu verhelfen Restrisiken und Leistungsengpässe zu überwinden, indem ihre Kompetenzen und Fähigkeiten erweitert werden.[154] *K. Robson/L. F. Pitt/J. Kietzmann* haben dazu den Ideengenerierungsprozess 5-E Framework entwickelt, der Unternehmen ermöglichen soll tragbare Technologien und Anwendungen zu integrieren, mit denen alle Geräte und Personen in das Internet of Things eingebunden sind. Das 5-E Framework vermittelt den Interessenten verschiedene Kategorien für die Erzeugung, Entwicklung und Kommunikation von Ideen für Innovationen durch tragbare Technologie. Außerdem zeigt das 5-E Framework denjenigen einen Weg auf, die den Einsatz dieser Innovation in Betracht ziehen, indem sie organisatorische Datenflussprobleme untersuchen und entsprechende vorhandene tragbare Lösungen finden. Grundsätzlich kombiniert dieser Prozess die Quelle der Information mit dem Zweck des Gerätes. Sie beschreibt verschiedene Arten von organisatorischen Problemen und schlägt dafür tragbare Lösungen vor, die eingesetzt oder entwickelt werden sollen.[155] Manager beschweren sich häufig über Fragen des Risikomanagements, sinkende Mitarbeiterleistung, Engpässe in den Lieferketten durch menschliches Versagen oder Datenzugänglichkeitsprobleme aufgrund begrenzter Leistungen. Der Einsatz von tragbarer Technologie kann bei vielen dieser Fragen helfen.[156]

E. Fleisch/M. Weinberger/F. Wortmann haben aus der Entwicklung des Internet of Things verschiedene Geschäftsmodellmuster abgeleitet, die abstrakt gehalten und branchenübergreifend im Kontext des Internet of Things anwendbar sind.[157] Neben einigen ergänzenden Bausteinen zu bestehenden Geschäftsmodellen haben sie zwei eigenständige Geschäftsmodellmuster im Internet of Things vorgestellt.

---

[154] Vgl. *Robson, K./Pitt, L. F./Kietzmann, J.*, Tragbare Technologie, 2016, S. 167-168.
[155] Vgl. *Robson, K./Pitt, L. F./Kietzmann, J.*, Tragbare Technologie, 2016, S. 173.
[156] Vgl. *Robson, K./Pitt, L. F./Kietzmann, J.*, Tragbare Technologie, 2016, S. 175.
[157] Vgl. *Fleisch, E./Weinberger, M./Wortmann, F.*, Geschäftsmodelle, 2015, S. 455.

Das „Digitally Charged Product" beschreibt die Verbindung des klassischen physischen Produktes mit den Internet-of-Things-Technologien, wodurch neue Wertversprechen geschaffen werden. Damit nimmt es Einfluss auf etablierte serviceorientierte Geschäftsmodelle, welche die Autoren wie folgt beschreiben. Auf der einen Seite entsteht das Geschäftsmodell „Sensor-as-a-Service". Dieses besteht aus der Sammlung, Aufbereitung und dem Verkauf von Messwerten, die in zahlreichen anderen Anwendungen integriert werden können.[158] Das „Product-as-a-Service"-Geschäftsmodell stellt eine weitere Neuerung durch den Einsatz von smarten Produkten dar. Der Grundgedanke dieses Geschäftsmodells ist, dass Endverbraucher das Produkt vollumfänglich nutzen können, jedoch nur für die verbrauchte oder genutzte Menge zahlen, die sie verwenden. Eine Modifikation dieses Geschäftsmodells stellen die Sharing-Dienstleistungen von mobilen Produkten, wie Automobilen oder anderen Fortbewegungsmitteln, dar. Zum Beispiel können Fahrräder auf dem Smartphone lokalisiert, abgeholt und wieder an einer Basisstation zurückgegeben werden. Dies reduziert die Notwendigkeit, andere Verkehrsmittel, wie Automobile, zu besitzen und ermutigt außerdem öfter Fahrrad zu fahren. Das „Product-as-a-Service"-Geschäftsmodell schafft Ersatz für den Produktbesitz und reduziert damit gleichzeitig die Gesamtnachfrage.[159] Der Kunde profitiert von dem neuen effizienteren Service, indem der Anbieter das Eigentum behält und damit einhergehend auch die volle Verantwortung für das Produkt trägt. Diese besteht darin, dass der Anbieter die Kosten des Produktbetriebes und des Dienstes trägt, wofür der Kunde eine Gebühr zahlt. Für die produzierenden Unternehmen, die komplexe und langlebige Produkte herstellen und deren Haupteinnahmequellen aus dem Verkauf von Ersatzteilen und Dienstleistungen besteht, stellt das „Product-as-a-Service"-Geschäftsmodell keine lukrative Alternative dar. Dies ist auch davon abhängig, wie die Preisgestaltung aussieht und an welche Bedingungen ein Servicevertrag geknüpft ist. Aus Käufersicht betrachtet erhöht dieses Geschäftsmodell die Leistungen des Kunden, indem er die Möglichkeit hat, nach Ablauf der Vertragslaufzeit zu wechseln, und nicht das ewige Eigentum besitzt.[160]

---

[158] Vgl. *Fleisch, E./Weinberger, M./Wortmann, F.*, Geschäftsmodelle, 2015, S. 457-458.
[159] Vgl. *Porter, M. E./Heppelmann, J. E.*, Smarte Produkte, 2014, S. 73-74.
[160] Vgl. *Porter, M. E./Heppelmann, J. E.*, Smarte Produkte, 2014, S. 84.

Die produzierenden Unternehmen verfolgten bisher meist warenorientierte Geschäftsmodelle, jedoch ändert sich der Fokus durch Innovationen hin zu den serviceorientierten Geschäftsmodellen, und umgekehrt entstehen für bisher serviceorientierte Unternehmen neue Möglichkeiten in der produzierenden Industrie mit dem „Digitally Charged Product".[161] Die Möglichkeiten führen dazu, dass dem Servicegeschäft eine höhere Bedeutung zugeschrieben wird.[162] Beispielsweise bieten Schuhhersteller personalisierte Produkte an, genauso wie es die Lebensmittelhersteller mit personalisiertem Müsli oder Schokolade tun.[163] Solche Produktinnovationen sind durch die zahlreichen Internet-of-Things-Technologien möglich, welches jedoch Auswirkungen auf die Art und Weise haben, wie sich Unternehmen innovieren.[164] Die signifikanten Unterschiede der angewendeten Technologien oder Geschäftsmodelle können darüber bestimmen, ob eine Produktinnovation erfolgreich ist oder nicht.[165] Die Fortschritte der Technologie führen zur Erhöhung der Konnektivität des Innovationsnetzwerks eines Unternehmens, indem die Kommunikationskosten gesenkt werden und die Reichweite erhöht wird. Außerdem erhöht sich die Geschwindigkeit und der Umfang der digitalen Annäherung des Unternehmens, welches wiederum den Integrationsbedarf der Internet-of-Things-Technologie steigert.[166]

Im vorherigen Kapitel wurde bereits auf die Dringlichkeit der Unternehmens-Ökosysteme hingewiesen. Auch bei der Optimierung der Geschäftsmodelle helfen das Verstehen und die Veranschaulichung des Ökosystems neue Möglichkeiten im Hinblick auf das Internet of Things zu erforschen.[167] Die Visualisierungen können beim Verständnis der Infrastruktur und der Entstehung der wichtigsten Akteure auf dem Markt unterstützen. Der dynamische Wettbewerb ändert das Ökosystem und im gleichen Zug auch die Wettbewerbsposition der Unternehmen. Aus diesem Grund müssen sie ständig alle Positionen und Abhängigkeiten in ihrem Ökosystem verfolgen. Dies kann mit Hilfe von Internet-of-Things-Anwen-

---

[161] Vgl. *March, S. T./Scudder, G. D.,* Instandhaltung, 2017, S. 2, und *Fleisch, E./Weinberger, M./Wortmann, F.,* Geschäftsmodelle, 2015, S. 457/459, und *Kaufmann, T.,* Geschäftsmodelle im Internet der Dinge, 2015, S. 12.
[162] Vgl. *Porter, M. E./Heppelmann, J. E.,* Smarte Produkte, 2014, S. 71.
[163] Vgl. *Kaufmann, T.,* Geschäftsmodelle im Internet der Dinge, 2015, S. 12/18.
[164] Vgl. *Lyytinen, K./Yoo, Y./Boland Jr, R. J.,* Produktinnovation, 2016, S. 72.
[165] Vgl. *Lyytinen, K./Yoo, Y./Boland Jr, R. J.,* Produktinnovation, 2016, S. 55.
[166] Vgl. *Lyytinen, K./Yoo, Y./Boland Jr, R. J.,* Produktinnovation, 2016, S. 47.
[167] Vgl. *Iyer, B. R./Basole, R. C.,* Ökosysteme, 2016, S. 27.

dungen automatisiert werden, wodurch sich die Führungskräfte auf das Verständnis und die Erforschung von neuen Möglichkeiten konzentrieren können. Es wird prognostiziert, dass die Visualisierung der Ökosysteme mit ständig zu modifizierenden Geschäftsumgebungen allgegenwärtig sein wird.[168] Auch im Bereich des smarten Tourismus ist es erforderlich Unternehmens-Ökosysteme dynamisch zu handhaben. Dies erfolgt, indem sie mittels ihrer intelligenten Tourismus-Ökosysteme ihre Ressourcen effizienter einsetzen können. Die Unternehmen erzielen dadurch einen Mehrwert, indem sie vielfältiger und flexibler Anpassungen durch den Austausch von Informationen durchführen können.[169] Dementgegen steht jedoch die Komplexität der Branche, welche die Umsetzung von spezifischen intelligenten Ökosystemen erschwert. Außerdem besteht noch Entwicklungsbedarf im Bereich der Koordination, Weitergabe und Ausnutzung von touristischen Daten zur Wertschöpfung. Dennoch ist die Erwartungshaltung hoch und man bezeichnet den Tourismus als Pionierbranche für intelligente Technologie.[170]

Das Modell von *M. Papert/A. Pflaum* stellt im Kontext des Internet of Things die Wertschöpfung eines Ökosystems dar und kann außerdem zur Entwicklung von Geschäftsmodellen beitragen.[171] Ihr Modell verspricht, dass aussichtsreiche Geschäftsmodelle durch den Bau von Internet-of-Things-Plattformen resultieren werden. Demgegenüber steht jedoch die Herausforderung der hohen Investitionskosten.[172] Die weiteren Herausforderungen im Internet of Things werden im nächsten Kapitel behandelt.

---

[168] Vgl. *Iyer, B. R./Basole, R. C.*, Ökosysteme, 2016, S. 30.
[169] Vgl. *Gretzel, U.* u.a., Smarter Tourismus, 2015, S. 184.
[170] Vgl. *Gretzel, U.* u.a., Smarter Tourismus, 2015, S. 186.
[171] Vgl. *Papert, M./Pflaum, A.*, Ökosystem-Modell, 2017, S. 184.
[172] Vgl. *Papert, M./Pflaum, A.*, Ökosystem-Modell, 2017, S. 178.

3.4   Herausforderungen

Die technischen und sozialen Herausforderungen im Bereich des Internet of Things sind zahlreich und müssen überwunden werden, damit es akzeptiert und genutzt werden kann.[173] Trotz der fortgeschrittenen Entwicklung des Internet of Things fehlt das Wissen über Präventionen für Schwachstellen. Nicht nur die damit verbundenen Schwierigkeiten bei der Bewältigung der Schwachstellen, sondern auch die unvermeidlichen Folgen durch illegitime Handlungen von Dritten gilt es zu überwinden.[174] Einige Herausforderungen wurden bereits im Verlauf dieser Arbeit genannt und verschiedene Lösungsansätze aufgeführt. Die zwei wichtigsten Herausforderungen des Internet of Things bilden jedoch die Aspekte der Sicherheit und Privatsphäre.[175] Die Anforderungen für eine weite Verbreitung von Internet-of-Things-Diensten sind die Gewährleistung der Sicherheit und gleichzeitig der Schutz der Privatsphäre der Nutzer.[176] Aus diesem Grund werden aus den zwölf relevanten Quellen diese beiden wichtigsten Herausforderungen des Internet of Things im Folgenden näher dargestellt.

3.4.1   Sicherheit

Der Aspekt der Sicherheit im Internet of Things wurde durch Experimente[177], Studien[178] und Cyberattacken[179] getestet. Wie in Kapitel 3.1.2 bereits erläutert, stellen die verschiedenen Technologien eine Herausforderung für die Interoperabilität der Geräte dar. Aufgrund der auf ihre Technologie zugeschnittenen Hardware- und Softwareprotokolle werden ihre Schwachstellen verschleiert, wodurch die Arbeit der Sicherheitsforscher erschwert wird. Die Diversifizierung führt dazu, dass keine generalisierten Sicherheitsansätze entwickelt werden können. Die Technik sollte für alle verständlich sein, damit die Schwachstellen identifiziert und behoben werden können. Neben dem Aspekt der Technik ist ein weiteres

---

[173] Vgl. *Whitmore, A./Agarwal, A./Da Xu, L.,* Survey III, 2015, S. 265.

[174] Vgl. *Ransbotham, S.* u.a., Industrielles IoT, 2016, S. 842-843.

[175] Vgl. *Li, S./Da Xu, L./Zhao, S.,* Survey II, 2015, S. 252, und *Lindqvist, U./Neumann, P. G.,* Zukunft des IoT, 2017, S. 26, und *Ives, B./Palese, B./Rodriguez, J. A.,* CSLC-Modell, 2016, S. 293.

[176] Vgl. *Sicari, S.* u.a., Modell-Architektur für das IoT, 2016, S. 668.

[177] Vgl. *Wright, A.,* Herausforderungen, 2016, S. 16.

[178] Vgl. *Ives, B./Palese, B./Rodriguez, J. A.,* CSLC-Modell, 2016, S. 294.

[179] Vgl. *Lindqvist, U./Neumann, P. G.,* Zukunft des IoT, 2017, S. 26, und *Berman, F./Cerf, V. G.,* soziale und ethische Verhaltensweisen, 2017, S. 6.

Problem der fehlende Fokus der Unternehmen auf den Bereich der Sicherheit.[180] Diesen betrachten die Unternehmen eher als ein Verlustgeschäft und weitere Belastung für den Anwender, als dass er einen weiteren Nutzen oder weitere Funktionalitäten bringen könnte. Die Bildung von präventiven Sicherheitsmaßnahmen kann nur mit zusätzlichen Investitionen realisiert werden, jedoch sehen die Unternehmen darin nicht die Verhinderung von Systemausfällen und Sicherheitsverletzungen, sondern erwarten eine explizite Rendite aus dieser Investition, die indes auf Anhieb nicht ersichtlich ist.[181] Besonders für kleine Unternehmen bilden solche Investitionen eine Belastung, weshalb das Augenmerk auf andere Aspekte gelegt wird.[182]

Die Heterogenität der Technologie und die großen Mengen an Daten, die das Internet of Things sammelt, erfordern eine Standardisierung und Definition von den Dienstleistungen, die es ermöglichen die verschiedenen Datenobjekte und Informationen abzurufen. Eine wirksame Lösung dafür zu finden gelingt nur, wenn dabei die Aspekte der Sicherheit und auch die der Privatsphäre und Datenqualität mit berücksichtigt werden. Die Vermeidung dieser Risiken geschieht durch die Gewährleistung von Authentifizierung, Datenvertraulichkeit, Datenintegrität und der Anonymität. Dies ermöglicht Benutzern auf qualitativ hochwertige und vertrauenswürdige Daten zugreifen zu können, was außerdem zur Optimierung der Richtigkeit und Effektivität ihrer Entscheidungsprozesse beiträgt.[183] Dementsprechend haben *S. Sicari* u.a. eine neuartige Internet-of-Things-Architektur entwickelt, um die Verbreitung von Internet-of-Things-Diensten effektiv zu fördern.[184] Authentifizierungsmaßnahmen können durch Passwörter oder digitale Signaturen gebildet werden, um somit den Benutzer oder das Objekt zu identifizieren. Verschiedene Verschlüsselungsschemata verhindern unautorisierten Zugang zu Daten, worauf im nächsten Kapitel näher eingegangen wird. Die Datenintegrität stellt die Notwendigkeit dar, dass Dateninhalte nicht von unbefugten dritten Personen oder Objekten geändert oder manipuliert werden können. Aufgrund dessen, dass

---

[180] Vgl. *Wright, A.,* Herausforderungen, 2016, S. 17.
[181] Vgl. *Ives, B./Palese, B./Rodriguez, J. A.,* CSLC-Modell, 2016, S. 294, und *Wright, A.,* Herausforderungen, 2016, S. 17.
[182] Vgl. *Ives, B./Palese, B./Rodriguez, J. A.,* CSLC-Modell, 2016, S. 294.
[183] Vgl. *Sicari, S.* u.a., Modell-Architektur für das IoT, 2016, S. 668.
[184] Vgl. *Sicari, S.* u.a., Modell-Architektur für das IoT, 2016, S. 665.

im Kontext des Internet of Things nicht nur die Handlungen von Personen, sondern auch die der Objekte berücksichtigt werden müssen, kann das Modell von *S. Sicari* u.a. alle Grundidentitäten und deren Beziehungen aus der Internet-of-Things-Umgebung identifizieren und darstellen. Dafür sorgen neben Zutrittskontrollmechanismen auch Objektauthentifizierungsprozesse, welches zusätzlich als Identitätsmanagementsystem genutzt werden kann.[185]

Die umfangreichen Sicherheitsmechanismen führen oft zur Drosselung der Leistungen der Internet-of-Things-Produkte und -Dienstleistungen[186], da sie hohen Einfluss auf die Systemleistungen haben[187]. Das Attestierungsverfahren bildet einen Kontrollmechanismus in der WSN-Technologie, der die Softwareintegrität einer nicht vertrauenswürdigen Plattform validiert, wodurch viel Energie verbraucht wird. Aufgrund dessen, dass die Transponder jedoch begrenzte Energie besitzen, diskutiert die Literatur über energie- und leistungseffizientere Verfahren. Diese haben *R. V. Steiner/E. Lupu* in ihrem Artikel analysiert und im Hinblick auf Sicherheit und Effizienz überprüft.[188] Dabei kommen sie zu dem Ergebnis, dass bestehende Attestierungsverfahren nicht ausgereift sind und hohe Verbesserungspotenziale bergen, weshalb noch zahlreiche Forschungsprobleme offenbleiben.[189]

Auch die in Kapitel 3.2.2 erwähnten smarten Geräte stellen durch ihre Autonomie die Entwickler vor einige Sicherheitsprobleme. Die Steuerung von komplexeren und gefährlicheren Komponenten der autonomen Geräte nimmt zu. Das bloße Fehlen von physischen Steuerelementen stellt schon komplexe Sicherheitsprobleme dar. Die Substitution mit einer autonomen Steuerung macht den Aspekt der Sicherheit noch komplexer.[190] Das Beispiel der autonomen Fahrzeuge veranschaulicht diese Sicherheitsprobleme. Im Allgemeinen wird angenommen, dass 90 Prozent der Autounfälle durch menschliche Fehler verursacht werden. Autonome Fahrzeuge können in diesem Zusammenhang Verkehrsunfälle nahezu vollständig

[185] Vgl. *Sicari, S.* u.a., Modell-Architektur für das IoT, 2016, S. 669.
[186] Vgl. *Ives, B./Palese, B./Rodriguez, J. A.*, CSLC-Modell, 2016, S. 294.
[187] Vgl. *Steiner, R. V./Lupu, E.*, Attestierungsverfahren, 2016, S. 51:24.
[188] Vgl. *Steiner, R. V./Lupu, E.*, Attestierungsverfahren, 2016, S. 51:1.
[189] Vgl. *Steiner, R. V./Lupu, E.*, Attestierungsverfahren, 2016, S. 51:21.
[190] Vgl. *Ransbotham, S.* u.a., Industrielles IoT, 2016, S. 842.

eliminieren.[191] Dies ist jedoch nur möglich, wenn ausschließlich autonome Fahrzeuge am Straßenverkehr teilnehmen, wie der Autounfall des Google Automobils
im Februar 2016 zeigte. Das autonome Fahrzeug hat eine falsche Vorhersage eines anderen, von Menschen betriebenen, Fahrzeugs angenommen und dadurch
den Unfall verursacht.[192] Die derzeit auf dem Markt vorhandenen verbundenen
Autos weisen neben den Aspekten des Datenschutzes noch weitere zahlreiche
Sicherheitsschwachstellen auf.[193] Eine dieser Schwachstellen stellt die drahtlose
Netzwerkverbindung mittels WLAN oder Bluetooth dar. Die Verbindungen zwischen einem Mobiltelefon und den Geräten im Fahrzeug mittels dieser Internet-of-
Things-Technologien sind leicht zu manipulieren, was aufgrund des Anwen-
dungsgebietes hohe Sicherheitsrisiken birgt. Die zahlreichen anderen drahtlosen
Verbindungen eines verbundenen Automobils, wie zum Beispiel der schlüssellose
Eintritt ins Fahrzeug, erhöhen zusätzlich das Diebstahlrisiko und zeigen somit
weitere riskante Schwachstellen auf.[194] Die Manipulanten können mittels Fern-
steuerung die Lenk- und Bremsfunktionen steuern, welches zu noch weitreichenderen Konsequenzen führen kann.[195] Die Ergebnisse von einigen Studien und Ex-
perimenten zeigen, dass diese Art der Manipulationen möglich ist, und schlagen
gleichzeitig verschiedene Lösungsansätze mittels Verschlüsselungen, Authentifi-
zierungen oder Hardware-Sicherheitsmodellen vor.[196] Dennoch ist die Forschung
noch weit davon entfernt die oben genannten Szenarien ausschließen zu können.[197]

Eine experimentelle Suchmaschine namens Shodan, die 2009 gestartet wurde, hat
noch weitere, weitreichendere Netzwerkschwachstellen des Internet of Things
aufgedeckt. Über das Internetprotokoll IPv4 und in Zukunft auch über das IPv6
wird die Suchmaschine in der Lage sein, etwa 700 Millionen Geräte zu überwachen, die mit dem Internet verbunden sind.[198] Ursprünglich sollte Shodan ver-

---

[191] Vgl. *Coppola, R./Morisio, M.*, Verbundene Autos, 2016, S. 46:24.
[192] Vgl. *Coppola, R./Morisio, M.*, Verbundene Autos, 2016, S. 46:25-46:26.
[193] Vgl. *Ives, B./Palese, B./Rodriguez, J. A.*, CSLC-Modell, 2016, S. 291, und *Coppola, R./Mo-
risio, M.*, Verbundene Autos, 2016, S. 46:27.
[194] Vgl. *Coppola, R./Morisio, M.*, Verbundene Autos, 2016, S. 46:27-46:28.
[195] Vgl. *Coppola, R./Morisio, M.*, Verbundene Autos, 2016, S. 46:27, und *Lindqvist, U./Neumann,
P. G.*, Zukunft des IoT, 2017, S. 27.
[196] Vgl. *Coppola, R./Morisio, M.*, Verbundene Autos, 2016, S. 46:28.
[197] Vgl. *Coppola, R./Morisio, M.*, Verbundene Autos, 2016, S. 46:31.
[198] Vgl. *Wright, A.*, Herausforderungen, 2016, S. 16.

schiedenste Daten über die Arten von Produkten, die mit dem Internet verbunden sind, sammeln. Dabei wurden Schwachstellen im Netzwerk von Internet-of-Things-Geräten eines Atomreaktors, einer Wasseraufbereitungsanlage, eines elektrischen Stromerzeugers und einer Ölbohrinsel entdeckt. Die Daten von Shodan wurden von Forschern zur Identifikation von weiteren mehr als 100.000 anfälligen Internet-of-Things-Geräten genutzt.[199] Im Oktober 2016 wurde eine „Denial-of-Service"-Cyberattacke von dem Unternehmen Dyn, das einen Teil der Internetdienstleistungen anbietet, durchgeführt. Dabei wurden Millionen von Internet-of-Things-Geräten mit einem Schadprogramm infiziert.[200] Die Geräte wurden somit kompromittiert und konnten von dem Unternehmen kontrolliert und ferngesteuert werden. Sie waren in der Lage, den Geräten den Zugriff auf Dienste wie Twitter, Amazon, Tumblr, Reddit, Spotify und Netflix zu verweigern, und schalteten damit wichtige Funktionalitäten aus. Die Cyberattacke veranschaulicht neben den zahlreichen Risiken von unzureichend gesicherten Geräten[201] auch die Notwendigkeit von sozialem und ethischem Verhalten sowie der angemessenen Nutzung des Internet of Things.[202]

Die Notwendigkeit, dass eine Internet-of-Things-Dienstleistung zuverlässig arbeiten muss und sich keinen unerwarteten Ausfall leisten darf, zeigt das Beispiel des Unternehmens PetNet. PetNet bietet einen Fütterungsservice für Haustiere an, der Nahrungsmittelabgaben nach vorgegebenen Fütterungsplänen mittels Cloud-Software verwaltet. Als das Unternehmen seine Server für zehn Stunden herunterfahren musste, informierte es seine Kunden über den temporären Ausfall seiner Dienste und bat sie einen Neustart ihrer lokalen Geräte durchzuführen. Die meisten seiner Kunden nutzten diese Dienste indes, während sie auf Reisen waren, weshalb viele von ihnen verärgert waren, da sie sich über den Gesundheitszustand ihrer Haustiere Sorgen machten.[203]

Solche Szenarien können in einigen Anwendungsgebieten des Internet of Things zu noch weitreichenderen Konsequenzen führen. Betrachtet man die Anwendung

[199] Vgl. *Wright, A.*, Herausforderungen, 2016, S. 17.
[200] Vgl. *Berman, F./Cerf, V. G.*, soziale und ethische Verhaltensweisen, 2017, S. 6.
[201] Vgl. *Lindqvist, U./Neumann, P. G.*, Zukunft des IoT, 2017, S. 26.
[202] Vgl. *Berman, F./Cerf, V. G.*, soziale und ethische Verhaltensweisen, 2017, S. 6.
[203] Vgl. *Ives, B./Palese, B./Rodriguez, J. A.*, CSLC-Modell, 2016, S. 294.

im Gesundheitswesen oder in verschiedenen Industriesektoren, wie Strom, Öl oder Gas[204], so kann eine willkürliche manipulative Handlung das menschliche Leben und dessen Sicherheit beeinflussen.

Die Manipulierung ist nicht nur technisch möglich, sondern auch physische manipulative Handlungen können das Internet of Things vor Sicherheitsprobleme stellen. In den Vereinigten Staaten von Amerika wurden in den letzten Jahren Glasfaserkabel durchtrennt, wodurch in Teilen des Landes der Internetdienst unterbrochen wurde. Bei einer kompletten Störung könnte dies zur Folge haben, dass Börsenaktivitäten und Onlinetransaktionen zum Stillstand kommen könnten und die Arbeit in den meisten Unternehmen unmöglich wäre.[205]

Die Menschen werden in kürzester Zeit fast ausschließlich von intelligenten Objekten umgeben sein, weshalb der Aspekt der Sicherheit eine dringliche Rolle im Internet of Things spielt und auch die Regierung sich einschalten sollte.[206] Die Forschung müsste einige Untersuchungen anstreben, damit sämtliche Risiken angesprochen werden.[207] Regelmäßige Diskurse zwischen Politik und Technik können dazu beitragen die Risiken und Chancen zu taxieren.[208] Ein dokumentiertes Beispiel eines Sicherheitsdesigns für ein fiktives tragbares Fitnesstracking-System wurde vom IEEE Center for Secure Design entwickelt. Dieses können Entwickler nutzen, um die Aspekte der Sicherheit in weitere Internet-of-Things-Anwendungen einzubauen und weiterzuentwickeln.[209] S. *Wendzel* erachtet in seinem Artikel über die Erhöhung der Sicherheit in smarte Gebäude die Zusammenarbeit zwischen Hochschulen und den Unternehmen für notwendig. Dabei muss eine interdisziplinäre Bewertung der potenziellen Bedrohungen durchgeführt werden, um auch hier alle Risiken einzuschließen.[210]

---

[204] Vgl. *Lindqvist, U./Neumann, P. G.,* Zukunft des IoT, 2017, S. 27.

[205] Vgl. *Kugler, L.,* Manipulanten, 2016, S. 18-19.

[206] Vgl. *Lindqvist, U./Neumann, P. G.,* Zukunft des IoT, 2017, S. 30, und *Wright, A.,* Herausforderungen, 2016, S. 18, und *Berman, F./Cerf, V. G.,* soziale und ethische Verhaltensweisen, 2017, S. 7.

[207] Vgl. *Lindqvist, U./Neumann, P. G.,* Zukunft des IoT, 2017, S. 30.

[208] Vgl. *Kugler, L.,* Manipulanten, 2016, S. 20.

[209] Vgl. *Lindqvist, U./Neumann, P. G.,* Zukunft des IoT, 2017, S. 29.

[210] Vgl. *Wendzel, S.,* Smart Buildings, 2016, S. 49.

3.4.2 Privatsphäre

Auch der Schutz der Privatsphäre stellt eine weitere grundlegende Herausforderung in der Internet-of-Things-Forschung dar.[211] Die Abgrenzung zum Aspekt der Sicherheit ist kompliziert, da zum Beispiel Datenschutzverletzungen in Form des Informationsdiebstahls von potenziellen Opfern auch eine Bedrohung für die Sicherheit darstellen können.[212] Durch die zunehmenden Internet-of-Things-Technologien werden persönliche Informationen für die Nutzer wertvoller, da Unternehmen, Einzelpersonen und autonome Internet-of-Things-Systeme die Fähigkeit besitzen, Entscheidungen über sie zu treffen.[213] Eine Datenschutzerklärung kann dem entgegenwirken, indem sie je nach bestimmtem Zweck eine gewisse Anonymität, durch das Fehlen von identifizierbaren Daten eines Benutzers, wie Namen oder Wohnort, garantiert. Daher ist es aus Kundensicht wichtig seine Privatsphäre zu garantieren, welche zum Beispiel im Modell von *S. Sicari* u.a. mit Verschlüsselungsschemata in einer Internet-of-Things-Architektur umgesetzt wurde. Durch die Weiterentwicklung ihres Ansatzes würde die Definition eines allgemeinen Modells profitieren, da ihr Modell alle Internet-of-Things-Grundlagen und deren Beziehungen darstellt. Zusätzlich werden Anforderungen an die Skalierbarkeit der dynamischen Umgebung und die Datenstromzugriffskontrolle mit berücksichtigt.[214]

Die Bedenken der Privatsphäre entstehen aus Internet-of-Things-Produkten, wie zum Beispiel „Amazon Echo", welches auf Sprachbefehle reagiert und diese gleichzeitig aufzeichnet, oder einem Roboter-Staubsauger, der mit Netzwerkverbindungen und Kameras ausgestattet ist. Die gesammelten Daten können dann quasi als Nebengeschäft an Dritte weiterverkauft werden.[215] Im Bereich des Gesundheitswesens können die gesammelten medizinischen Daten dazu dienen potenzielle Epidemien zu verfolgen oder Behandlungsstrategien zu entwickeln.[216] Außerdem dienen Internet-of-Things-Datensätze für die Analyse und Bereitstel-

---

[211] Vgl. *Sicari, S.* u.a., Modell-Architektur für das IoT, 2016, S. 668.

[212] Vgl. *Lindqvist, U./Neumann, P. G.*, Zukunft des IoT, 2017, S. 26.

[213] Vgl. *Berman, F./Cerf, V. G.*, soziale und ethische Verhaltensweisen, 2017, S. 6.

[214] Vgl. *Sicari, S.* u.a., Modell-Architektur für das IoT, 2016, S. 669.

[215] Vgl. *Ives, B./Palese, B./Rodriguez, J. A.*, CSLC-Modell, 2016, S. 294.

[216] Vgl. *Berman, F./Cerf, V. G.*, soziale und ethische Verhaltensweisen, 2017, S. 6, und *Belanger, F./Xu, H.*, IS-Forschung, 2015, S. 576.

lung von nützlichen Dienstleistungen. Daher kann die starke individuelle Privatsphäre zu weniger Sozialleistungen führen, da die Datensätze an Aussagekraft verlieren.[217]

Die Menge der durch das Internet of Things gesammelten Daten stellt eine weitere Herausforderung dar. Einige Prognosen besagen, dass in einer Stunde 20 Gigabyte an Daten von verbundenen Fahrzeugen gesammelt werden. Dazu müssen Big-Data-Techniken angewendet werden, um diese Menge an Daten verwalten und analysieren zu können. Dabei entsteht die wichtigste Frage, wie die Unternehmen mit dem Datenschutz und der Privatsphäre umgehen.[218] Eine Studie aus dem Jahr 2014 ergab, dass 37 Prozent der Befragten kein verbundenes Fahrzeug fahren möchten. Als Grund gaben sie an, dass die Unternehmen nicht sensibel genug mit ihren Daten umgehen würden.[219] Im Jahr 2014 haben sich amerikanische Automobilhersteller auf Datenschutzprinzipien geeinigt. Diese besagen unter anderem, dass ihre Kunden darüber informiert werden sollen, welche Daten von ihnen gesammelt werden. Außerdem sollen ihnen der Zweck und der Zeitpunkt der Erfassung der Daten mitgeteilt werden. Nur nach ausdrücklicher Zustimmung des Kunden dürfen die Unternehmen die sensiblen Daten weitergeben oder für Marketingzwecke nutzen. Es sollen nur Daten verwendet werden dürfen, die auch wirklich mit dem Fahren des Automobils zusammenhängen und bei Nichtbenötigung aus den Systemen gelöscht werden. Des Weiteren sollen die Technologien zur Verbesserung der Sicherheit weiterentwickelt werden.[220] *R. Coppola/M. Moriso* appellieren in ihrem Artikel an die Automobilhersteller, dass die Anforderung für eine Nutzung der verbundenen und autonomen Fahrzeuge darin besteht, dass die Nutzer die volle Kontrolle über die sensiblen Daten erhalten müssen, die sie den Unternehmen mitteilen möchten.[221]

Aktuell tut sich die Politik mit den Gesetzen über die Privatsphäre im Internet und den Informationsrechten schwer. Es wurden Vorschläge gemacht, dass Einzelpersonen ein grundlegendes Recht eingeräumt werden sollte, über ihre Informationen

---

[217] Vgl. *Berman, F./Cerf, V. G.,* soziale und ethische Verhaltensweisen, 2017, S. 6.
[218] Vgl. *Coppola, R./Morisio, M.,* Verbundene Autos, 2016, S. 46:20.
[219] Vgl. *Coppola, R./Morisio, M.,* Verbundene Autos, 2016, S. 46:21.
[220] Vgl. *Coppola, R./Morisio, M.,* Verbundene Autos, 2016, S. 46:20-46:21.
[221] Vgl. *Coppola, R./Morisio, M.,* Verbundene Autos, 2016, S. 46:31.

aus den Internet-of-Things-Systemen selbst entscheiden zu dürfen. Es soll jedem selbst überlassen werden, ob seine Daten verwendet oder gelöscht werden sollen. Jedoch erscheint dies unmöglich, da die Kontrolle über alle erzeugten Daten aus den Internet-of-Things-Systemen utopisch ist.[222] Dennoch muss sich die Regierung auch in dieser Angelegenheit einschalten und sich mit der Internet-of-Things-Gemeinschaft über sämtliche Szenarien der Verletzung der Privatsphäre austauschen.[223] Wenn es dazu kommt, dass die Privatsphäre im Internet nicht mehr gewährleistet werden kann, werden Einzelpersonen und auch Unternehmen beginnen ihr Verhalten dort zu ändern. Das Misstrauen, sensible Informationen für beispielsweise Onlinegeschäfte und -zahlungen bereitzustellen, wäre so groß, dass die Dienstleistungen im Internet nicht mehr auf die Art und Weise genutzt werden, für die es ursprünglich vorgesehen war.[224]

F. Belanger/H. Xu sind der Meinung, dass die Forschung der Informationssysteme einen wesentlichen Beitrag zu dem Big-Data-Problem leisten kann, welches mit dem Internet of Things einhergeht. Dabei können sie einen wesentlichen Beitrag zum Schutz der Privatsphäre von der Datenerfassung über die Datenverwendung bis hin zur Verbreitung der Informationen leisten. Sie erachten die Forscher der Informationssysteme als prädestiniert dafür, weil diese am Schnittpunkt der Technik und Menschen positioniert sind.[225] Aus diesem Grund haben *F. Belanger/H. Xu* in ihrem Leitartikel eine Agenda für die Zukunft der Informationsrechtsforschung erstellt.[226] Sie fordern die Forscher auf über bestehende theoretische Rahmenbedingungen hinauszugehen und nennen als Ausgangspunkt fünf mögliche Forschungsbereiche zum Schutz der Privatsphäre.[227]

Einer dieser Bereiche ist die Findung einer plausibleren Erklärung für die individuellen Verhaltensweisen. Dazu müssen längerfristige Effekte wie der Gewöhnungseffekt verstanden und Entwicklungen der Privatsphäre und Präferenzen der

---

[222] Vgl. *Berman, F./Cerf, V. G.*, soziale und ethische Verhaltensweisen, 2017, S. 6.
[223] Vgl. *Schultz, J.*, Besitz im IoT, 2016, S. 38, und *Berman, F./Cerf, V. G.*, soziale und ethische Verhaltensweisen, 2017, S. 7, und *Lindqvist, U./Neumann, P. G.*, Zukunft des IoT, 2017, S. 26, und *Belanger, F./Xu, H.*, IS-Forschung, 2015, S. 576.
[224] Vgl. *Kugler, L.*, Manipulanten, 2016, S.18-20. S. 20.
[225] Vgl. *Belanger, F./Xu, H.*, IS-Forschung, 2015, S. 573.
[226] Vgl. *Belanger, F./Xu, H.*, IS-Forschung, 2015, S. 574.
[227] Vgl. *Belanger, F./Xu, H.*, IS-Forschung, 2015, S. 575.

Nutzer im Laufe der Zeit berücksichtigt werden. Dafür schlagen die Autoren Techniken vor, um zu untersuchen, warum und wie sich die Nutzer auf jene Art und Weise verhalten, wenn ihre Privatsphäre betroffen ist. Des Weiteren müssen die Forscher berücksichtigen, dass die Absicht, Informationen zu veröffentlichen, variabel ist. Daher müssen die tatsächlichen Zustands- oder Verhaltensänderungen als Ergebnisvariable erfasst werden, um Fragen beantworten zu können, wie zum Beispiel, welche Faktoren die Nutzer dazu veranlassen könnten ihren Grundgedanken bezüglich ihrer Privatsphäre zu ändern.[228] Aufgrund der Allgegenwärtigkeit der Technologien stellen die Nutzer selbst ein großes Risiko dar, indem sie unbewusst ihre eigenen sensiblen Informationen weitergeben. Aus diesem Grund müssen bereits die Technologien mit dem Thema Datenschutz vertraut sein, um auch klarere Verantwortlichkeiten von Nutzern, Unternehmen und Regierungen definieren zu können. Die Forscher werden außerdem dazu aufgefordert die Privatsphäre der Informationen sowohl aus der organisatorischen als auch aus der gesellschaftlichen Perspektive zu ergründen. Wie schon eingangs dieses Kapitels erwähnt, spielt der kontextuelle Charakter der Informationsverarbeitung im Hinblick auf den Schutz der Privatsphäre auch eine Rolle. Die Absichten der Daten im Gesundheitswesen unterscheiden sich deutlich von denen der sozialen Netzwerke. Deshalb muss das Verständnis der Verletzung der Privatsphäre unter den Gesichtspunkten der verschiedenen Kontextualitäten deutlicher dargestellt werden.[229] Um die Rechtfertigung von wissenschaftlichen und praktischen Erkenntnissen aus den Forschungen zu erlangen, müssen die genannten Ansätze angenommen, mit reichhaltigen datengesteuerten Untersuchungen durchgeführt, reale Informationssicherheitsschäden gemessen, qualitative Interpretationsforschung betrieben oder mit Theorien über die Beziehungen zwischen den Datenschutzbestimmungen und den Ergebnissen entwickelt werden.[230]

---

[228] Vgl. *Belanger, F./Xu, H.,* IS-Forschung, 2015, S. 575.
[229] Vgl. *Belanger, F./Xu, H.* IS-Forschung, 2015, S. 576.
[230] Vgl. *Belanger, F./Xu, H.* IS-Forschung, 2015, S. 577.

4 Fazit und Ausblick

Das Ziel dieser Arbeit war es, den Forschungsstand des Internet of Things zu er-
mitteln und die dominierenden, fehlenden oder neu aufkommenden Forschungsströme im Bereich des Internet of Things aus den Topjournalen und Konferenzen
zusammenzufassen. Dazu wurde zunächst der Begriff des Internet of Things definiert, welcher besagt, dass physische Objekte in das Internet integriert werden, um
somit aktiv in Prozesse miteingebunden und autonom auf den Prozess reagieren
zu können.[231] Dadurch entsteht eine allgegenwärtige Präsenz der physischen Objekte,[232] die mittels Implementierung von Hardwarekomponenten realisiert werden kann.

Zu den wichtigsten Technologien des Internet of Things gehören die Identifikati-
ons- und Kommunikationstechnologien sowie die Sensornetze.[233] Dabei hat sich
herausgestellt, dass die RFID-Technologie am meisten in den verschiedenen Anwendungsbereichen als Identifikationstechnologie im Internet of Things eingesetzt wird.[234] Dennoch ist die herrschende Meinung, dass die RFID-Technologie
weiterentwickelt werden muss. Der Grund ist das stetig wachsende Internet of
Things, wodurch diese Technologie zunehmend an ihre Grenzen stößt. Dazu wurden Alternativen für die spezifischen Anwendungsbereiche aufgezeigt[235], wie das
elektronische Stammbaumsystem von *W. Han* u.a.[236] oder der Echtzeit-
Überwachungsservice von *F. Capello/M. Toja/N. Trapani*[237]. Die Kommunikation
im Internet of Things wird durch verschiedene Technologien, wie NFC, ZigBee,
BLE[238] oder mittels WLAN[239], ermöglicht. Diese werden je nach Anwendungs-

---

[231] Vgl. *Ives, B./Palese, B./Rodriguez, J. A.*, CSLC-Modell, 2016, S. 281, und *Robson, K./Pitt, L. F./Kietzmann, J.*, Tragbare Technologie, 2016, S. 175, und *Lindqvist, U./Neumann, P. G.*, Zukunft des IoT, 2017, S. 26, und *Andelfinger, V. P./Hänisch, T.*, Technik und Trends, 2014, S. 15.
[232] Vgl. *Ives, B./Palese, B./Rodriguez, J. A.*, CSLC-Modell, 2016, S. 281, und *Robson, K./Pitt, L. F./Kietzmann, J.*, Tragbare Technologie, 2016, S. 167-168.
[233] Vgl. *Whitmore, A./Agarwal, A./Da Xu, L.*, Survey III, 2015, S. 263.
[234] Vgl. *Zou, Z.* u.a., Logistik, 2014, S. 9, und *Han, W.* u.a., Stammbaum System, 2015, S. 276, und *Bi, Z./Da Xu, L./Wang, C.*, IoT in der Produktion, 2014, S. 1541, und *Khatoun, R./Zeadally, S.*, Smart Cities, 2016, S. 50.
[235] Vgl. *Han, W.* u.a., Stammbaum System, 2015, S. 1-2, und *Capello, F./Toja, M./Trapani, N.*, Echtzeit-Überwachungsservice, 2016, S. 10, und *Fleisch, E./Mattern, F.*, Internet der Dinge, 2005, S. 79.
[236] Vgl. *Han, W.* u.a., Stammbaum System, 2015, S. 1.
[237] Vgl. *Capello, F./Toja, M./Trapani, N.*, Echtzeit-Überwachungsservice, 2016, S. 10.
[238] Vgl. *Khatoun, R./Zeadally, S.*, Smart Cities, 2016, S. 50, und *Li, S./Da Xu, L./Zhao, S.*, Survey II, 2015, S. 250.

gebiet eingesetzt und unterscheiden sich entsprechend den Anforderungen im Bereich der Sicherheit[240], des Energieverbrauchs[241] oder der Durchsatzrate[242]. Vor denselben Herausforderungen steht auch das WSN-System[243], welches durch den Einsatz von Sensoren und Aktoren in der Lage ist, Daten und Informationen zu erfassen und mit entsprechenden Signalen zu reagieren und zu kommunizieren.[244] Die spezifischen Schwachstellen dieser Technologien wurden von der Literatur identifiziert und entsprechende Alternativen oder Forschungsansätze vorgeschlagen.[245] In der Kommunikationstechnologie bleibt außerdem derzeit durch den Einsatz der unterschiedlichen Technologien die große Herausforderung der Cross-Device-Interaktionen offen.[246]

Bei den Anwendungsgebieten des Internet of Things hat sich die Arbeit auf die derzeit in der Literatur am meisten diskutierten Gebiete beschränkt. Dazu gehören die industrielle Produktion, die smarte Infrastruktur, das soziale Internet of Things und die Logistik. Die hohe Erwartungshaltung der industriellen Produktion an die Anwendung der Internet-of-Things-Dienste besteht darin, dass ihre Prozesse optimiert werden und effizientere industrielle Systeme entstehen.[247] Dies kann durch Produktivitätsverbesserungen, Energieeinsparungen oder Bestandsoptimierungen erfolgen.[248] Die Anwendung des Internet of Things in einer Stadt durch eine komplette smarte Infrastruktur ist abzusehen[249] und teilweise schon Realität[250]. Dem Mehrwert vom steigendem Komfort und Energieeffizienz[251] stehen jedoch einige Herausforderungen gegenüber[252]. Neben dem Appell, ein stärkeres Verständnis,

---

[239] Vgl. *Andelfinger, V. P./Hänisch, T.*, Technik und Trends, 2014, S. 21.

[240] Vgl. *Grønli, T./Pourghomi, P./Ghinea, G.*, NFC, 2015, S. 989.

[241] Vgl. *Andelfinger, V. P./Hänisch, T.*, Technik und Trends, 2014, S. 109.

[242] Vgl. *Khatoun, R./Zeadally, S.*, Smart Cities, 2016, S. 50, und *Harris III, A. F.* u.a., BLE, 2016, S. 30.

[243] Vgl. *Dias, G. M./Bellalta, B./Oechsner, S.*, Datenreduktion, 2016, S. 1.

[244] Vgl. *Whitmore, A./Agarwal, A./Da Xu, L.*, Survey III, 2015, S. 264.

[245] Vgl. *Grønli, T./Pourghomi, P./Ghinea, G.*, NFC, 2015, S. 985-999, und *Harris III, A. F.* u.a., BLE, 2016, S. 30, und *Khatoun, R./Zeadally, S.*, Smart Cities, 2016, S. 49-50, und *Steiner, R. V./Lupu, E.*, Attestierungsverfahren, 2016, S. 51:24, und *Dias, G. M./Bellalta, B./Oechsner, S.*, Datenreduktion, 2016, S. 1.

[246] Vgl. *Ives, B./Palese, B./Rodriguez, J. A.*, CSLC-Modell, 2016, S. 293, und *Chen, X./Li, Y.*, Cross-Device-Interaktion, 2017, S. 15:1.

[247] Vgl. *Gurtov, A./Liyanage, M./Korzun, D.*, Sicherheit in der Kommunikation, 2016, S. 1059.

[248] Vgl. *Manyika, J.* u.a., McKinsey, 2015, S. 8.

[249] Vgl. *Li, S./Da Xu, L./Zhao, S.*, Survey II, 2015, S. 255.

[250] Vgl. *Mone, G.*, Intelligentes Wohnen, 2014, S. 16.

[251] Vgl. *Vermesan, O./Friess, P.*, IoT, 2013, S. 52.

[252] Vgl. *Lyytinen, K./Yoo, Y./Boland Jr, R. J.*, Produktinnovation, 2016, S. 53-56.

über den Einfluss des Internet of Things auf die Produktinnovationen zu schaffen[253], muss die Akzeptanz innerhalb der Gesellschaft einer smarten Infrastruktur gegeben sein[254]. Die Studien von *X. Cao* u.a. und *T. Ludwig/A. Boden/V. Pipek* haben die Dringlichkeit des sozialen Aspekts im Internet of Things verdeutlicht und gezeigt, dass der Fokus der Forschung noch zu sehr auf der technologischen Entwicklung liegt.[255] Der Einfluss des sozialen Internet of Things geht so weit, dass komplette Wirtschaftsbranchen, wie der Tourismus, einen Mehrwert erzielen können.[256] Dennoch bleibt die Frage offen, welche ethischen Werte die intelligenten Objekte implementiert bekommen sollten.[257] Als letztes Anwendungsgebiet wurde der Stand der Forschung im Bereich Transport und Logistik analysiert. Hierbei haben sich bisher die RFID- und die WSN-Technologie etabliert, die jedoch aufgrund ihrer Schwachstellen Entwicklungspotenzial aufweisen.[258] Des Weiteren stellte sich heraus, dass für eine erfolgreiche Implementierung der Internet-of-Things-Dienste im Bereich der Logistik die Notwendigkeit besteht, ein Ökosystem aufzubauen und zu visualisieren. Dies hilft dabei Geschäftsbeziehungen besser nachzuvollziehen und dabei das gesamte Geschäftsumfeld zu beobachten.[259]

Damit einher gehen auch die Einflüsse des Internet of Things auf bestehende Geschäftsmodelle. Dazu wurden das CSLC-Modell sowie das 5-E Framework vorgestellt, die gleichermaßen den Unternehmen dabei helfen ihre Produkte zu innovieren und zukünftige Märkte zu erschließen.[260] Die Entstehung des Wandels von warenorientierten zu serviceorientierten Geschäftsmodellen und umgekehrt[261] stellt die Dringlichkeit solcher Modelle aufgrund der Zunahme der Komplexität

[253] Vgl. *Lyytinen, K./Yoo, Y./Boland Jr, R. J.*, Produktinnovation, 2016, S. 72.
[254] Vgl. *Khatoun, R./Zeadally, S.*, Smart Cities, 2016, S. 53-55.
[255] Vgl. *Cao, X.* u.a., Soziale Medien, 2015, S. 360, und *Ludwig, T./Boden, A./Pipek, V.*, 3D-Drucker, 2017, S. 39:27.
[256] Vgl. *Gretzel, U.* u.a., Smarter Tourismus, 2015, S. 183.
[257] Vgl. *Bonnefon, J. F./Shariff, A./Rahwan, I.*, soziales Dilemma, 2016, S. 1576.
[258] Vgl. *Han, W.* u.a., Stammbaum System, 2015, S. 276, und *Capello, F./Toja, M./Trapani, N.*, Echtzeit-Überwachungsservice, 2016, S. 17.
[259] Vgl. *Papert, M./Pflaum, A.*, Ökosystem-Modell, 2017, S. 182-184.
[260] Vgl. *Ives, B./Palese, B./Rodriguez, J. A.*, CSLC-Modell, 2016, S. 291-294, und *Robson, K./Pitt, L. F./Kietzmann, J.*, Tragbare Technologie, 2016, S. 175.
[261] Vgl. *March, S. T./Scudder, G. D.*, Instandhaltung, 2017, S. 2, und *Fleisch, E./Weinberger, M./Wortmann, F.*, Geschäftsmodelle, 2015, S. 459, und *Kaufmann, T.*, Geschäftsmodelle im Internet der Dinge, 2015, S. 12.

der Wirtschaftsbranchen dar[262]. Deshalb sollten die Akteure über ihre Möglichkeiten durch das Internet of Things weiter aufgeklärt werden, wie zum Beispiel in Form der Visualisierung ihrer Ökosysteme.[263]

Zum Schluss wurden die wesentlichsten Herausforderungen des Internet of Things ergründet. Dabei war das Ergebnis, dass für eine weitflächige Implementierung der Dienste und Technologien die Sicherheit gewährleistet und die Privatsphäre geschützt werden muss.[264] Die Experimente[265], Studien[266] und Cyberattacken[267] haben dem Internet of Things jedoch zahlreiche Risiken und unzureichende Sicherung attestiert. Die Warnung, dass der derzeitige Zustand der Sicherheit im Internet of Things das menschliche Leben zerstören und den Tod herbeiführen kann[268], zeigt, wie unerlässlich zuverlässige Sicherheitsmechanismen sind. Außerdem führen die Allgegenwärtigkeit des Internet of Things und die massive Datenansammlung zu Fragen der Einhaltung der Privatsphäre.[269] Die ständige Überwachung durch Produkte wie „Amazon Echo" schaffen Anreize für die Unternehmen, die Daten weiterzuverkaufen.[270] *F. Belanger/H. Xu* haben hierzu einige Forschungslücken aufgezählt, welche zukünftig behandelt werden sollten, damit die Risiken und das Misstrauen minimiert werden können.[271]

Die vorliegende Arbeit hat den aktuellen Stand der Forschung aufgezeigt und Bereiche identifiziert, in denen Forschungsbedarf herrscht. Tatsächlich bringt die zunehmende Verbindung zwischen Objekten und Menschen neue Arbeits- und Lebensformen mit sich.[272] Die Vision der vollständigen Allgegenwärtigkeit des Internet of Things scheint nicht allzu fern zu sein, betrachtet man die vielfältigen Anwendungsgebiete. Und damit wird jeder Mensch zum Betroffenen, denn selbst

---

[262] Vgl. *Gretzel, U.* u.a., Smarter Tourismus, 2015, S. 186.
[263] Vgl. *Iyer, B. R./Basole, R. C.,* Ökosysteme, 2016, S. 27.
[264] Vgl. *Sicari, S.* u.a., Modell-Architektur für das IoT, 2016, S. 668.
[265] Vgl. *Wright, A.,* Herausforderungen, 2016, S. 16.
[266] Vgl. *Ives, B./Palese, B./Rodriguez, J. A.,* CSLC-Modell, 2016, S. 294.
[267] Vgl. *Lindqvist, U./Neumann, P. G.,* Zukunft des IoT, 2017, S. 26, und *Berman, F./Cerf, V. G.,* soziale und ethische Verhaltensweisen, 2017, S. 6.
[268] Vgl. *Lindqvist, U./Neumann, P. G.* Zukunft des IoT, 2017, S. 26, und *Coppola, R./Morisio, M.,* Verbundene Autos, 2016, S. 46:31.
[269] Vgl. *Berman, F./Cerf, V. G.,* soziale und ethische Verhaltensweisen, 2017, S. 6.
[270] Vgl. *Ives, B./Palese, B./Rodriguez, J. A.,* CSLC-Modell, 2016, S. 294.
[271] Vgl. *Belanger, F./Xu, H.,* IS-Forschung, 2015, S. 574.
[272] Vgl. *Robson, K./Pitt, L. F./Kietzmann, J.,* Tragbare Technologie, 2016, S. 175.

wenn die Akzeptanz von Einzelpersonen fehlt, werden diese dennoch dazu gezwungen, weil es einfach keine Alternativen mehr geben wird.[273] Bis zu diesem Punkt hat das Internet of Things allerdings noch erheblichen Bedarf an weiteren Forschungsanstrengungen.

---

[273] Vgl. *Lindqvist, U./Neumann, P. G.,* Zukunft des IoT, 2017, S. 30.

Literaturverzeichnis

Andelfinger, Volker. P./Hänisch, Till [Technik und Trends, 2015]: Internet der Dinge: Technik, Trends und Geschäftsmodelle, 1.Aufl., *Andelfinger, Volker. P./Hänisch, Till* (Hrsg.), Wiesbaden: Springer Gabler, 2014

Ashton, Kevin [Internet of Things Thing, 2009]: That „Internet of Things" Thing, http://www.rfidjournal.com/articles/view?4986, (11.07.2017)

Atzori, Luigi/Iera, Antonio/Morabito, Giacomo [Survey I, 2010]: The Internet of Things: A survey , in: Computer Networks, 54 (2010), Heft 15, S. 2787-2805

Atzori, Luigi u.a. [soziales Internet of Things, 2012]: The Social Internet of Things (SIoT) – When Social Networks meet the Internet of Things: Concept, Architecture and Network Characterization, in: Computer Networks, 56 (2012), Heft 16, S. 3594-3608

Belanger, France/Xu, Heng [IS-Forschung, 2015]: The role of information systems research in shaping the future of information privacy, in: Information Systems Journal, 25 (2015), Heft 6, S. 573-578

Berman, Francine/ Cerf, Vinton G. [soziale und ethische Verhaltensweisen, 2017]: Social and Ethical Behavior in the Internet of Things, in: Communications of the ACM, 60 (2017), Heft 2, S. 6-7

Bi, Zhuming/Da Xu, Li/Wang, Chengen [IoT in der Produktion, 2014]: Internet of Things for Enterprise Systems of Modern Manufacturing, in: IEEE Transactions on industrial Informatics, 10 (2014), Heft 2, S. 1537-1546

Bonnefon, Jean François/Shariff, Azim/Rahwan, Iyad [soziales Dilemma, 2016]: The social dilemma of autonomous vehicles, in: Science, 352 (2016), Heft 6292, S. 1573-1576

Borgia, Eleonora [IoT Vision, 2014]: The Internet of Things vision: Key features, applications and open issues, in: Computer Communications, 54 (2014), S. 1-31

Cao, Xiongfei u.a. [Soziale Medien, 2015]: The role of social media in supporting knowledge integration: A social capital analysis, in: Information Systems Frontiers, 17 (2015), Heft 2, S. 351-362

Capello, Federico/Toja, Marco/Trapani, Natalia [Echtzeit-Überwachungsservice, 2016]: A Real-Time Monitoring Service based on Industrial Internet of Things to manage agrifood logistics, in: 6th International Conference on Information Systems, Logistics and Supply Chain, (2016), S. 10-21

Cena, Federica u.a. [Smarte Objekte, 2017]: Multi-dimensional intelligence in smart physical objects, in: Information Systems Frontiers, (2017), S. 1-22

Chen, Xiang'Anthony'/Li, Yang [Cross-Device-Interaktion, 2017]: Improv: An Input Framework for Improvising Cross-Device Interaction by Demonstration, in: ACM Transactions on Computer-Human Interaction, 24 (2017), Heft 2, S. 15:1-15:21

Cheng, Ying u.a. [Produktionssysteme, 2016]: Advanced manufacturing systems: supply–demand matching of manufacturing resource based on complex networks and Internet of Things, in: Enterprise Information Systems, (2016), S. 1-18

Coppola, Riccardo/Morisio, Maurizio [Verbundene Autos, 2016]: Connected car: Technologies, Issues, Future Trends, in: ACM Computing Surveys, 49 (2016), Heft 3, S. 46:1-46:36

Dias, Gabriel M./Bellalta, Boris/Oechsner, Simon [Datenreduktion, 2016]: A survey about Prediction-based Data Reduction in Wireless Sensor Networks, in: ACM Computing Surveys, 49 (2016), Heft 3, S. 1-35

Fleisch, Elgar/Mattern, Friedemann [Internet der Dinge, 2005]: Das Internet der Dinge, *Fleisch, Elgar/Mattern, Friedemann* (Hrsg.), 1. Aufl., Heidelberg: Springer-Verlag, 2005

Fleisch, Elgar/Weinberger, Markus/Wortmann, Felix [Geschäftsmodelle, 2015]: Geschäftsmodelle im Internet der Dinge, in: Schmalenbachs Zeitschrift für betriebswirtschaftliche Forschung, 67 (2015), Heft 4, S. 444-465

Granjal, Jorge/Monteiro, Edmundo/Silva, Jorge S. [Sicherheit im WSN, 2015]: Security in the integration of low-power Wireless Sensor Networks with the Internet: A survey, in: Ad Hoc Networks, 24 (2015), Heft A, S. 264-287

Gretzel, Ulrike u.a. [Smarter Tourismus, 2015]: Smart tourism: foundations and developments, in: Electronic Markets, 25 (2015), Heft 3, S.179-188

Grønli, Tor-Morten/Pourghomi, Pardis/Ghinea, Gheorghita [NFC, 2015]: Towards NFC payments using a lightweight architecture for the Web of Things, in: Computing, 97 (2015), Heft 10, S. 985-999

Gurtov, Andrei/Liyanage, Madhusanka/Korzun, Dmitry [Sicherheit in der Kommunikation, 2016]: Secure Communication and Data Processing Challenges in the Industrial Internet, in: Baltic Journal of Modern Computing, 4 (2016), Heft 4, S.1058-1073

Han, Weili u.a. [Stammbaum System, 2015]: The design of an electronic pedigree system for food safety, in: Information Systems Frontiers, 17 (2015), Heft 2, S. 275-285

Harris III, Albert F. u.a. [BLE, 2016]: Bluetooth Low Energy in Dense IoT Environments, in: IEEE Communications Magazine, 54 (2016), Heft 12, S. 30-36

Ives, Blake/Palese, Biagio/Rodriguez, Joaquin A. [CSLC-Modell, 2016]: Enhancing Customer Service through the Internet of Things and Digital Data Streams, in: MIS Quarterly Executive, 15 (2016), Heft 4, S. 279-297

Iyer, Bala R./Basole, Rahul C. [Ökosysteme, 2016]: Visualization to understand ecosystems, in: Communications of the ACM, 59 (2016), Heft 11, S. 27-30

Janssen, Cori [Plattform, 2017]: What does Platform mean?, https://www.techopedia.com/definition/3411/platform (27.07.2017)

Kaufmann, Timothy [Geschäftsmodelle im Internet der Dinge, 2015]: Geschäfts-modelle in Industrie 4.0 und dem Internet der Dinge: der Weg vom Anspruch in die Wirklichkeit, *Kaufmann, Timothy* (Hrsg.), 1. Aufl., Wiesbaden: Sprin-ger Vieweg, 2015

Khatoun, Rida/Zeadally, Sherali [Smart Cities, 2016]: Smart Cities: Concepts, Architectures, Research Opportunities, in: Communications of the ACM, 59 (2016), Heft 8, S. 46-57

Kugler, Logan [Manipulanten, 2016]: How a supervillain (or a hacker in his basement) could destroy the internet, in: Communications of the ACM, 59 (2016), Heft 2, S. 18-20

Leimeister, Jan M. [Wirtschaftsinformatik, 2015]: Einführung in die Wirt-schaftsinformatik, *Leimeister, Jan M.* (Hrsg.), 12. Auflage, Heidelberg: Springer Gabler, 2015

Li, Shancang/Da Xu, Li/Zhao, Shanshan [Survey II, 2015]: The internet of things: a survey, in: Information Systems Frontiers, 17 (2015), Heft 2, S. 243-259

Lindqvist, Ulf/Neumann, Peter G. [Zukunft des IoT, 2017]: The future of the in-ternet of things, in: Communications of the ACM, 60 (2017), Heft 2, S. 26-30

Ludwig, Thomas/Boden, Alexander/Pipek, Volkmar [3D-Drucker, 2017]: 3D Prin-ters as Sociable Technologies: Taking Appropriation Infrastructures to the In-ternet of Things, in: ACM Transactions on Computer-Human Interaction, 24 (2017), Heft 2, S. 39:1-39:30

Lyytinen, Kalle/Yoo, Youngjin/Boland Jr, Richard J. [Produktinnovation, 2016]: Digital product innovation within four classes of innovation networks, in: In-formation Systems Journal, 26 (2016), Heft 1, S. 47-75

Manyika, James u.a. [McKinsey, 2015]: The Internet of Things: Mapping the value beyond the hype, in: McKinsey Global Institute, (2015), S. 1-14

March, Salvatore T./Scudder, Gary D. [Instandhaltung, 2017]: Predictive maintenance: strategic use of IT in manufacturing organizations, in: Information Systems Frontiers, (2017), S. 1-15

Mell, Peter/Grance, Tim [Cloud Computing, 2011]: The NIST definition of cloud computing, in: Computer Security Division, National Institute of Standards and Technology Gaithersburg, Special Publication 800-145, (2011), S. 1-3

Mone, Gregory [Intelligentes Wohnen, 2014]: Intelligent Living, in: Communications of the ACM, 57 (2014), Heft 12, S. 15-16

Papert, Marcel/Pflaum, Alexander [Ökosystem-Modell, 2017]: Development of an Ecosystem Model for the Realization of Internet of Things (IoT) Services in Supply Chain Management, in: Electronic Markets, 27 (2017), Heft 2, S. 175-189

Perera, Charith u.a. [Industrie, 2014]: A Survey on Internet of Things from Industrial Market Perspective, in: IEEE Access, 2 (2014), S. 1660-1679

Porter, Michael E./Heppelmann, James E. [Smarte Produkte, 2014]: How Smart, Connected Products Are Transforming Competition, in: Harvard Business Review, 92 (2014), Heft 11, S. 64-88

Ransbotham, Sam u.a. [Industrielles IoT, 2016]: Special Section Introduction—Ubiquitous IT and Digital Vulnerabilities, in: Information Systems Research, 27 (2016), Heft 4, S. 834-847

Robson, Karen/Pitt, Leyland F./Kietzmann, Jan [Tragbare Technologie, 2016]: APC Forum: Extending Business Values through Wearables, in: MIS Quarterly Executive, 15 (2016), Heft 2, S. 167-177

Schultz, Jason [Besitz im IoT, 2016]: The Internet of Things We Don't Own?, in: Communications of the ACM, 59 (2016), Heft 5, S. 36-38

Sicari, Sabrina u.a. [Modell-Architektur für das IoT, 2016]: A security-and quality-aware system architecture for Internet of Things, in: Information Systems Frontiers, 18 (2016), Heft 4, S. 665-677

Statista GmbH [Statista, 2017], https://de.statista.com/statistik/daten/studie/1717/umfrage/prognose-zur-entwicklung-der-weltbevoelkerung/ (18.07.2017)

Steiner, Rodrigo V./Lupu, Emil [Attestierungsverfahren, 2016]: Attestation in Wireless Sensor Networks: A Survey, in: ACM Computing Surveys, 49 (2016), Heft 3, S. 51:1-51:32

Storey, Veda C./Song, Il-Yeol [Big Data, 2017]: Big data technologies and Management: What conceptual modeling can do, in: Data & Knowledge Engineering, 108 (2017), S. 50-67

Vermesan, Ovidiu/Bacquet, Joel [Definition IoT, 2016]: IERC-European Research Cluster on the Internet of Things, http://www.internet-of-things-research.eu/about_ierc.htm (11.07.2017)

Vermesan, Ovidiu/Friess, Peter [IoT, 2013]: Internet of things: Converging Technologies for Smart Environments and Integrated Ecosystems, Aalborg: River Publishers, 2013

Vermesan, Ovidiu u.a. [Market Deployment, 2014]: Internet of Things: From Research and Innovation to Market Development, Aalborg: River Publisher, 2014

Wang, Pan u.a. [Forschungsstand des IoT, 2015]: Introduction: Advances in IoT research and applications, in: Information Systems Frontiers, 17 (2015), Heft 2, S. 239-241

Webster, Jane/Watson, Richard T. [Literatur Review, 2002]: Analyzing the past to prepare for the future: Writing a literature review, in: MIS Quarterly, 26 (2002), Heft 2, S. xiii-xxiii

Wendzel, Steffen [Smart Buildings, 2016]: How to increase the security of smart buildings?, in: Communications of the ACM, 59 (2016), Heft 5, S.47-49

Whitmore, Andrew/Agarwal, Anurag/Da Xu, Li [Survey III, 2015]: The Internet of Things--A survey of topics and trends, in: Information Systems Frontiers, 17 (2015), Heft 2, S. 261-274

Woods, Eric/Goldstein, Noah [Navigant Research, 2014]: Research Report: Smart Cities, Navigant Consulting, Inc., (2014), S. 1-117

Wortmann, Felix/Flüchter, Kristina [Wertschöpfung durch IoT, 2015]: Internet of Things – Technology and Value Added, in: Business & Information Systems Engineering, 57 (2015), Heft 3, S. 221-224

Wright, Alex [Herausforderungen, 2017]: Mapping the Internet of Things, in: Communications of the ACM, 60 (2017), Heft 1, S. 16-18

Zou, Zhuo u.a. [Logistik, 2014]: Radio frequency identification enabled wireless sensing for intelligent food logistics, in: Philosophical Transactions of The Royal Society A Mathematical Physical and Engineering Sciences, 372 (2014), Heft 2017, S. 1-16

Anhang A: Ergebnis der systematischen Literaturrecherche

Autoren	Journal / Konferenz / Verlag	Datenbank / Suchbegriff
Andelfinger, V. P./Hänisch, T., Technik und Trends, 2015	Springer-Verlag	Springer Link - Internet der Dinge
Ashton, K., Internet of Things Thing, 2009	RFID Journal	Google Scholar - Rückwärtssuche
Atzori, L./Iera, A./Giacomo, M., Survey I, 2010	Computer Networks	Google Scholar - Rückwärtssuche
Atzori, L. u.a., soziales Internet of Things, 2012	Computer Networks	Google Scholar - Rückwärtssuche
Belanger, F./Xu, H., IS-Forschung, 2015	Information Systems Journal	Google Scholar - Internet of Things im gesamten Artikel
Berman, F./Cerf, V.G., soziale und ethische Verhaltensweisen, 2017	Communication of the ACM	Ebscohost - Internet of Things im Titel
Bi, Z./Da, X. L./Wang, C., IoT in der Produktion, 2014	IEEE Transactions on industrial informatics	Google Scholar - Rückwärtssuche
Bonnefon, J. F./Shariff, A. /Rahwan, L., soziales Dilemma, 2016	Science	Google Scholar - Rückwärtssuche
Borgia, E., IoT Vision, 2014	Computer Communication	Google Scholar - Rückwärtssuche
Cao, X. u.a., soziale Medien, 2015	Information Systems Frontiers	Google Scholar - Internet of Things im gesamten Artikel
Capello, F./Toja, M./Trapani, N., Echtzeit-Überwachungsservice, 2016	Information Systems Logistics and Supply Chain	Google Scholar - Internet of Things im Titel
Cena, F. u.a., Smarte Objekte, 2017	Information Systems Frontiers	Google Scholar - Internet of Things im gesamten Artikel
Chen, X. A./Li, Y., Cross-Device-Interaktion, 2017	ACM Transactions on Computer-Human Interaction	Google Scholar - Internet of Things im gesamten Artikel
Cheng, Y. u.a., Produktionssyteme, 2016	Enterprise Information Systems	Google Scholar - Vorwärtssuche

Quelle	Publikation	Suche
Coppola, R./Morisio, M., Verbundene Autos, 2016	ACM Computing Surveys	Google Scholar - Internet of Things im gesamten Artikel
Dias, G. M./Bellalta, B./Oechsner, S., Datenreduktion, 2016	ACM Computing Surveys	Google Scholar - Internet of Things im gesamten Artikel
Fleisch, E./Mattern, F., Internet der Dinge, 2005	Springer-Verlag	Springerlink - Rückwärtssuche
Fleisch, E./Mattern, F./Wortmann, F., Geschäftsmodelle, 2015	Schmalenbachs Zeitschrift für betriebswirtschaftliche Forschung	Springerlink - Rückwärtssuche
Granjal, J./Monteiro, E./Silva, J. S., Sicherheit im WSN, 2015	Ad Hoc Networks	Google Scholar - Rückwärtssuche
Gretzel, U. u.a., Smarter Tourismus, 2015	Electronic Markets	Google Scholar - Internet of Things im gesamten Artikel
Grønli, T./Pourghomi, P./Ghinea, G., NFC, 2015	Computing	Google Scholar - Rückwärtssuche
Gurtov, A./Liyanage, M./Korzun, D., Sicherheit in der Kommunikation, 2016	Baltic Journal of Modern Computing	Google Scholar - Vorwärtssuche
Han W. u.a., Stammbaum System, 2015	Information Systems Frontiers	Springerlink - Internet of Things im gesamten Artikel
Harris III, A. F. u.a., BLE, 2016	IEEE Communications Magazine	Google Scholar - Rückwärtssuche
Ives, B./Palese, B./Rodriguez, J. A., CSLC-Modell, 2016	MIS Quarterly Executive	EBSCOhost - Internet of Things im Titel
Iyer, B. R./Basole, R. C., Ökosysteme, 2016	Communication of the ACM	Google Scholar - Internet of Things im gesamten Artikel Rückwärtssuche
Janssen, C., Plattform, 2017	techopedia.com	Springerlink - Definitionssuche
Kaufmann, T., Geschäftsmodelle im Internet der Dinge, 2015	Springer-Verlag	Springerlink - Definitionssuche
Khatoun, R./Zeadally, S., Smart Cities, 2016	Communication of the ACM	Google Scholar - Internet of Things im gesamten Artikel
Kugler, L., Manipulanten, 2016	Communication of the ACM	Google Scholar - Internet of Things im gesamten Artikel
Leimeister, J. M., Wirtschaftsinformatik, 2015	Springer-Verlag	Springerlink - Definitionssuche

Li, S./Da X. L./Zhao, S., Survey II, 2015	Information Systems Frontiers	Google Scholar - Internet of Things im Titel
Lindqvist, U./Neumann, P.G., Zukunft des IoT, 2017	Communication of the ACM	EBSCOhost - Internet of Things im Titel
Ludwig, T./Boden, A./Pipek, V., 3D-Drucker, 2017	ACM Transactions on Computer-Human Interaction	Google Scholar - Internet of Things im Titel
Lyytinen, K./Yoo, Y./Boland Jr, R. J., Produktinnovation, 2016	Information Systems Journal	Google Scholar - Internet of Things im gesamten Artikel
Manyika, J., McKinsey, 2015	McKinsey Global Institute	Google Scholar - Rückwärtssuche
March, S. T./Scudder, G. D., Instandhaltung, 2017	Information Systems Frontiers	Google Scholar - Internet of Things im gesamten Artikel
Mell, P./Grance, T., Cloud Computing, 2011	National Institute of Standards and Technology	Google Scholar - Rückwärtssuche
Mone, G., Intelligentes Wohnen, 2014	Communication of the ACM	Google Scholar - Internet of Things im gesamten Artikel
Papert, M./Pflaum, A., Ökosystem-Modell, 2017	Electronic Markets	Springerlink - Internet of Things im Titel
Perera, C. u.a., Industrie, 2014	IEEE Access	Google Scholar - Rückwärtssuche
Porter, M. E./Heppelmann, J. E., Smarte Produkte, 2014	Harvard Business Review	Google Scholar - Rückwärtssuche
Ransbotham, S. u.a., Industrielles IoT, 2016	Information Systems Research	EBSCOhost - Internet of Things im gesamten Artikel
Robson, K./Pitt, L. F./Kietzmann, J., Tragbare Technologie, 2016	MIS Quarterly Executive	EBSCOhost - Internet of Things im gesamten Artikel
Schultz, J., Besitz im IoT, 2016	Communication of the ACM	EBSCOhost - Internet of Things im Titel
Sicari, S. u.a., Modell-Architektur für das IoT, 2016	Information Systems Frontiers	EBSCOhost - Internet of Things im Titel
Steiner, R. V./Lupu, E., Attestierungsverfahren, 2015	ACM Computing Surveys	EBSCOhost - Internet of Things im gesamten Artikel
Storey, V. C./Song, I., Big Data, 2017	Data Knowledge Engeneering	Google Scholar - Internet of Things im gesamten Artikel

Vermesan, O. u.a., Market Deployment, 2014	River Publishers	Google Scholar - Rückwärtssuche
Vermesan, O./Fries, P., IoT, 2013	River Publishers	Google Scholar - Rückwärtssuche
Wang, P./Chaudhry, S./Li, L., Forschungsstand des IoT, 2015	Information Systems Frontiers	Springerlink - Internet of Things im gesamten Artikel
Wendzel, S., Smart Buildings, 2016	Communication of the ACM	Google Scholar - Internet of Things im gesamten Artikel
Whitmore, A./Agarwal, A./Da Xu, L., Survey III, 2015	Information Systems Frontiers	Google Scholar - Internet of Things im Titel
Wortmann, F./Flüchter, K., Wertschöpfung durch IoT, 2015	Business & Information Systems Engineering	Springerlink - Internet of Things im gesamten Artikel
Wright, A., Herausforderungen, 2017	Communication of the ACM	EBSCOhost - Internet of Things im Titel
Zou, Z. u.a., Logistik, 2014	Philosophical Transactions of The Royal Society A Mathematical Physical and Engineering Sciences	Google Scholar - Vorwärtssuche

Anhang B: Konzeptmatrix

Artikel / Untergliederung	A			B				C	D	
	I	K	S	IP	SP	SIOT	TL		SI	PH
Atzori, L. u.a., soziales Internet of Things, 2012						x				
Belanger, F./Xu, H., IS-Forschung, 2015										x
Berman, F./Cerf, V. G., soziale und ethische Verhaltensweisen, 2017						x			x	x
Bi, Z./Da, X. L./Wang, C., IoT in der Produktion, 2014				x						
Bonnefon, J. F./Shariff, A./Rahwan, I., soziales Dilemma, 2016				x		x				
Borgia, E., IoT Vision, 2014		x		x	x					
Cao, X. u.a., soziale Medien, 2015						x				
Capello, F./Toja, M./Trapani, N., Echtzeit-Überwachungsservice, 2016	x			x			x			
Cena, F. u.a., Smarte Objekte, 2017					x					
Chen, X. A./Li, Y., Cross-Device-Interaktion, 2017		x								

Quelle							
Cheng, Y. u.a., Produktionssyteme, 2016		x					
Coppola, R./Morisio, M., Verbundene Autos, 2016	x	x				x	x
Dias, G. M./Bellalta, B./Oechsner, S., Datenreduktion, 2016	x						
Fleisch, E./Mattern, F./Wortmann, F., Geschäftsmodelle, 2015					x		
Granjal, J./Monteiro, E./Silva, J. S., Sicherheit im WSN, 2015	x	x					
Gretzel, U. u.a., Smarter Tourismus, 2015			x		x		
Gronli, T./Pourghomi, P./Ghinea, G., NFC, 2015	x						
Gurtov, A./Liyanage, M./Korzun, D., Sicherheit in der Kommunikation, 2016	x	x				x	
Han W. u.a., Stammbaum System, 2015	x			x			
Harris III, A.F. u.a, BLE, 2016	x						
Ives, B./Palese, B./Rodriguez, J. A., CSLC-Modell, 2016	x				x	x	x
Iyer, B. R./Basole, R. C., Ökosysteme, 2016					x		
Khatoun, R./Zeadally, S., Smart Cities, 2016	x		x				
Kugler, L., Manipulanten, 2016						x	x
Lindqvist, U./Neumann, P.G., Zukunft des IoT, 2017						x	x

Quelle	1	2	3	4	5	6	7	8	9
Ludwig, T./Boden, A./Pipek, V., 3D-Drucker, 2017					x				
Lyytinen, K./Yoo, Y./Boland Jr, R. J., Produktinnovation, 2016			x			x			
March, S. T./Scudder, G. D., Instandhaltung, 2017			x				x		
Manyika, J., McKinsey, 2015	x						x		
Mone, G., Intelligentes Wohnen, 2014						x			
Papert, M./Pflaum, A., Ökosystem-Modell, 2017			x	x					
Perera, C. u.a., Industrie, 2014						x			
Porter, M. E./Heppelmann, J. E., Smarte Produkte, 2014			x			x			x
Ransbotham, S. u.a., Industrielles IoT, 2016		x	x			x	x		
Robson, K./Pitt, L. F./Kietzmann, J., Tragbare Technologie, 2016			x						
Schultz, J., Besitz im IoT, 2016	x								
Storey, V. C./Song, I., Big Data, 2017								x	x
Steiner, R.V./Lupu, E., Attestierungsverfahren, 2015		x							
Sicari, S. u.a., Modell-Architektur für das IoT, 2016	x	x							x
Wang, P./Chaudhry, S./Li, L., Forschungsstand des IoT, 2015				x					
Wendzel, S., Smart Buildings, 2016		x				x			

	Wortmann, F./Flücher, K., Wertschöpfung durch IoT, 2015	Wright, A., Herausforderungen, 2017	Zou, Z. u.a., Logistik, 2014	Summe der Teilkonzepte	Summe der Hauptkonzepte
	x	x	x	5	20
	x	x		10	
			x	5	30
		x		10	
				8	
				7	10
			x	5	19
				10	
		x		11	
				8	

Legende:

A   Technologien

B   Anwendungsgebiete

C   Geschäftsmodelle

D   Herausforderungen

I   Identifikation

K   Kommunikation

S   Sensornetze

IP   industrielle Produktion

SP   smarte Infrastruktur

SIOT   das soziale Internet of Things und die Frage nach der Ethik

TI   Transport und Logistik

SI   Sicherheit

PH   Privatsphäre